HEYNE ❮

W0180171

HEYNE KOCHBÜCHER

Kenneth Lo

DAS WOK KOCHBUCH

Über 100 Originalrezepte für den chinesischen Spezialtopf

WILHELM HEYNE VERLAG

MÜNCHEN

HEYNE KOCHBUCH
07/4755

Dieser Band erschien bereits in einer früheren Ausgabe
unter der Bandnummer 07/4619

Aus dem Englischen übertragen von
URSULA FABIAN

Titel der Originalausgabe:
THE WOK COOKBOOK
erschienen bei Grafton Books, 1981

2. Auflage

Neuausgabe 12/2002
Wilhelm Heyne Verlag
Heyne ist ein Verlag des Verlagshauses Ullstein Heyne List GmbH & Co. KG
Copyright © 1981 by Kenneth Lo
Copyright © 1990 der deutschsprachigen Ausgabe
by Ullstein Heyne List GmbH & Co. KG, München
http://www.heyne.de
Printed in Germany 2003
Umschlaggestaltung: Atelier Seidel, Neuötting
Umschlagbild: Imagine/Foodpix Picture
Innenfotos: Gruner & Jahr, Hamburg (1); Burda, München (1);
Fotostudio Eising, München (4); Komplett-Büro, München (2)
Satz: Schaber, Wels
Druck und Bindung: RMO, München

ISBN 3-453-86399-2

Inhalt

Vorwort 7

Der Wok 12

Das Kochen im Wok 16

Pfannengerührte Schnellgerichte 27

Suppen 78

Reisgerichte 88

Nudelgerichte 99

Fischgerichte 116

Gerichte von Krustentieren 129

Eierspeisen 135

Dämpfen im Wok 143

Europäische Gerichte auf chinesische Weise
im Wok zubereitet 160

Verzeichnis wichtiger Zutaten 182

Alphabetisches Verzeichnis der Rezepte 186

Verzeichnis der Rezepte nach Sachgruppen 189

Vorwort

Kenneth Los Buch über das Kochen im Wok ist ein Klassiker. Es war das erste einer ganzen Reihe von Büchern zu diesem Thema, und es hat in der englischen Originalausgabe seit seinem Erscheinen über 25 Auflagen erlebt. Als es vor 10 Jahren geschrieben wurde, hatte der Wok zwar schon eine über tausendjährige Geschichte hinter sich, war aber im Westen nur ausgesprochenen Kennern der chinesischen Küche ein Begriff. Ken Los Buch hat dem Wok den Eingang in die europäische Küche verschafft, wo er sich inzwischen als praktisches und vielseitiges Kochgerät seinen Platz gesichert hat.

Man kann mit einem Wok ziemlich alles machen — ein exotisches Gericht zubereiten, aber auch ein simples Rührei. Dank seiner besonderen Form lassen sich in ihm kleine und große Portionen garen — eine Handvoll gewürfeltes Fleisch ebensogut wie ein ganzes Huhn. Es lassen sich mit ihm alle gängigen Kocharten ausführen: vom Braten und Fritieren bis zum Schmoren und Dämpfen.

Die besondere Stärke des Woks zeigt sich im minutenschnellen, oft sogar nur sekundenkurzen Braten unter ständigem Rühren, für sich neuerdings die Bezeichnung »Pfannenrühren« durchzusetzen beginnt. Es ähnelt dem Sautieren, wird jedoch über zu Anfang des Bratvorgangs verstärkter Hitze ausgeführt. Das schnelle Rühren, das dank der hohen gerundeten Wände des Woks glatt und mühelos vonstatten geht, verhindert dabei das Anbrennen. Durch die starke Hitze, die von allen Seiten auf die Stücke einwirkt, erfolgt ein sofortiger Eiweißabschluß. Diese

Krustenbildung, oft verstärkt durch eine leichte Panade aus ungeschlagenem Eiweiß und Speisestärke, verhindert Saft- und Aromaverlust, und durch die kurzen Garzeiten werden die Vitamine geschont.

Kein Wunder, daß sich für den Wok und diese Garmethode heute ernährungsbewußte Esser und Feinschmecker gleichermaßen begeistern. Das »Pfannenrühren« ist eine alte, in Jahrhunderten bewährte Methode. Nachdem sie wiederentdeckt worden ist, erscheint sie uns, die wir Diätethik und Feinschmeckerei neu aufeinander abzustimmen versuchen, heute zeitgemäßer denn je.

Für die chinesische Kochkunst — sie ist die älteste überhaupt — war die Verbindung von Feinschmeckerei und Diätethik schon immer oberstes Gebot. In einem alten chinesischen Gedicht heißt es: »Köstliche Gerichte statt Tabletten und Pillen; stärkende Nahrung ist das Heilmittel gegen alle Krankheiten.« Bereits im 2. Jahrhundert vor Christus waren am kaiserlichen Hof neben 128 Köchen für die Alltagsgerichte, 128 Bankettköchen, 335 Reis- und Gemüseköchen und 62 Saucenköchen auch 162 »Ernährungsberater« beschäftigt — die moderne Bezeichnung ist durchaus angebracht. Ihre Aufgabe war es, Zutaten und Speisen nach ihrer besonderen Heilwirkung auszusuchen und die Speisen für die kaiserlichen Bankette in harmonischer Ausgewogenheit zusammenzustellen. Völlerei war verpönt durch die konfuzianische Sittenlehre, die auf Mäßigung und Zurückhaltung drängte. »Die Menge des Fleisches, das der Mann ißt«, mahnte Konfuzius, »darf im äußersten Fall nicht so groß sein, daß sein Atem nach Fleisch statt nach Reis riecht.«

Wann der Wok und mit ihm das Pfannenrühren in der chinesischen Küche aufkam, liegt im dunkeln der Geschichte. In aller Wahrscheinlichkeit stammen Utensil und Methode nicht aus der Palastküche, sondern aus der Bauernküche. Man nimmt an, daß sie in den ersten beiden Jahrhunderten unserer Zeitrechnung, in der späten Han-Dynastie, entstanden sind.

Zu dieser Zeit wurde in China bereits so intensiv Ackerbau betrieben wie erst Jahrhunderte später in Europa. Im Sommer lebten die Bauern bis zur Ernte in Hütten auf den Feldern. Sättigende Körnernahrung — Weizen, Hirse und Reis — wurde wahrscheinlich vorgegart und getrocknet oder fertig in gedämpfter Form aus den Dörfern mitgebracht oder aus gemeinschaftlichen »Feldküchen« geliefert. Würzende Beilagen und Saucen mußten wohl von den einzelnen zubereitet werden. Da die Feldarbeit drängte und nur wenig Brennmaterial zur Verfügung stand, mußte man eine schnelle und ökonomische Garmethode samt den dazu passenden Kochutensilien ersinnen. Das waren das Pfannenrühren und der Wok.

Kleine tragbare Sparherde wurden erfunden. Im Gegensatz zu offenen Feuerstellen ließen sie sich mit wenig Holz oder Holzkohle beheizen. Diese Herde hatten eine zylindrische Form und waren oben offen. Auf diese, oder besser: in diese kreisrunde Öffnung wurde die Pfanne gesetzt. Damit die Pfanne fest über dem Feuer stand und nicht abrutschte, verfiel man auf die genial einfache Form der Halbkugel. Im Vergleich zu einem flachen Tiegel hat die halbkugelförmige Pfanne nicht nur eine größere Kontaktfläche mit der Hitze, sondern auch den Vorteil eines größeren Fassungsvermögens. Obendrein läßt sie sich beim Rühren und Mischen der Speisen bequemer handhaben.

Im Lauf der Zeit fand die Garmethode des Pfannenrührens (im Chinesischen »Chao« genannt) ihren Weg vom Feld in die Mandarinküche. Sie wurde zu einer der 40 klassischen Garmethoden, die die Chinesen bei der Speisenzubereitung unterscheiden. Sie ist heute die in der chinesischen Küche am häufigsten angewendete Methode.

Im Jahre 1792 zeichnete der Dichter und Feinschmecker Yuan Mei, der als der chinesische Brillat-Savarin gilt, im »Sui-Yuan

Shitan« (»Das Menü«) seine lebenslangen Erfahrungen über das Kochen auf. Es ist das bedeutendste Buch in der reichen chinesischen Kochbuchliteratur. Ausführlich erörtert Yuan Mei auch das Pfannenrühren. Daran wird deutlich, daß es bereits im klassischen Kanon der Kochmethoden etabliert war. Empfehlungen Yuan Meis wie die, daß für ein gutes Gelingen nur kleine Mengen Fleisch, Fisch und Geflügel auf einmal im Wok gebraten werden dürfen, werden noch heute beherzigt.

Kenneth Lo gilt weltweit als einer der besten Kenner der klassischen chinesischen Küche. Er ist Verfasser von über 30 Büchern und von zahlreichen Artikeln zu diesem Thema. Lo stammt aus einer alten chinesischen Diplomatenfamilie. Sein Großvater war kaiserlicher Gesandter am Hofe der Königin Viktoria, die ihn zum Knight Commander of the Royal Victorian Order schlug. Sein Vater war Beauftragter für auswärtige Angelegenheiten. Er selbst war nach einem Studium in Peking, London und Cambridge Attaché am chinesischen Konsulat in Liverpool und bis 1949 Vicekonsul in Manchester. Anschließend war er eine Zeitlang professioneller Tennisspieler, nachdem er 1946 in Wimbledon in der chinesischen Davis-Cup-Mannschaft gespielt hatte. Später arbeitete er als freier Journalist für namhafte englische Zeitungen, für Funk und Fernsehen.

Kenneth Lo war stets bemüht, als Mittler zwischen den Kulturen zu wirken. Für ein wesentliches Element der Verbindung hält er die Eßkultur. So gründete er zusammen mit seiner englischen Frau schon Anfang der siebziger Jahre in London den Chinese Gourmet Club, der sich die Aufgabe gesetzt hat, Europäern die jahrtausendealte chinesische Eßkultur näher zu bringen. Man trifft sich zu chinesischen Banketten und unternimmt gemeinsam kulinarische Reisen nach China.

Als Siebenundsechzigjähriger eröffnete er 1980 ein eigenes Restaurant im vornehmen Londoner Stadtteil Belgravia. Nostalgisch nannte er es »Memories of China«. Das Restaurant hatte sofort einen durchschlagenden Erfolg und wurde bereits im ersten Jahr seines Bestehens von der »New York Times« bis zum deutschen »Feinschmecker« gerühmt. Es gilt nach wie vor als das beste chinesische Restaurant in London. Ein zweites, nicht weniger erfolgreiches »Memories of China« hat Kenneth Lo 1988 im feudalen Viertel Chelsea Harbour eröffnet. Für beide Restaurants hat er Chefköche aus China geholt. Sie bereiten auf höchstem Niveau authentische Gerichte der vier großen kulinarischen Regionen Chinas zu — Peking, Szechuan, Shanghai und Kanton.

Seinem Restaurant in Belgravia hat Kenneth Lo eine Kochschule angeschlossen. »Ken Lo's Kitchen«, wie er sie nennt, ist die erste und bisher einzige chinesische Kochschule in Europa. Hier führt er selbst und ein Stab von ausgewählten Lehrern in die Geheimnisse der chinesischen und ostasiatischen Küchen ein. Nach wie vor ist er täglich auf dem Tennisplatz. Dies verdankt er, wie er sagt, der Tatsache, daß er sein Leben lang die gesunde chinesische Küche gegessen hat.

Ursula Fabian

Der Wok

Der Wok ist nichts anderes als eine Bratpfanne mit gerundetem Boden. Aber wegen seiner besonderen Form, seiner Tiefe und seines gewölbten Deckels läßt er sich nicht nur zum Braten, Rösten oder Pfannenrühren verwenden. In China benutzt man ihn auch zum Schmoren und Fritieren sowie zum Garen über Dampf und im Wasserbad.

Ein chinesischer Wok mit Deckel und Standring.

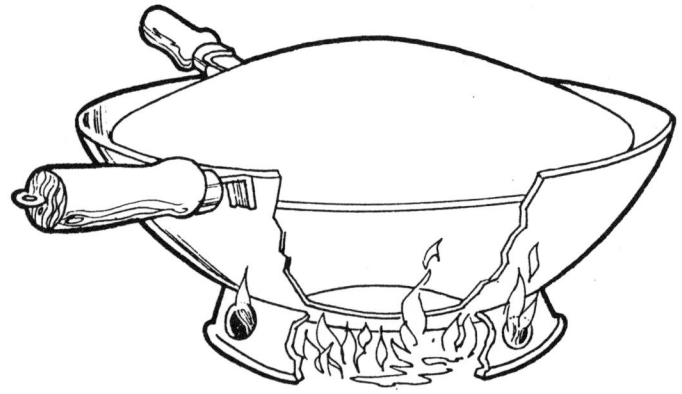

Allerdings werden in China Speisen fast ausschließlich in Restaurantküchen fritiert, nur selten im Haushalt, da man hier die Kosten für das dafür benötigte Öl scheut. Gerichte, die man im Westen fritiert, werden in China meist in erheblich weniger Fett ausgebacken. Dabei erhitzt man eine mäßige Menge Öl in der Vertiefung des Woks und schwenkt es herum, um eine möglichst große Fläche des Woks einzufetten. Die auszubackenden Zutaten werden Stück für Stück in das heiße Öl getaucht und an die Seite geschoben, wenn die nächsten Stücke hineingelegt werden. Wenn alle Stücke so vorgegart sind, werden sie mit einem Sieblöffel im heißen Öl geschwenkt, bis sie vollends gar sind. Auf diese Weise kann man mit einer verhältnismäßig geringen Menge Öl (125 bis 250 ml) im Wok das gleiche Ergebnis erzielen wie in einer europäischen Friteuse, für die erheblich mehr Öl erforderlich ist.

Zum Pfannenrühren benötigt man noch weniger Öl — nicht mehr als 2 bis 3 Eßlöffel —, selbst wenn man 3 bis 4 durchschnittlich große Portionen zubereitet, da man mehr mit der Hitze der Pfanne als mit der Hitze des Öls gart. Zuviel Öl würde die Speisen zu schwer machen, obwohl wir Chinesen andererseits bewußter und überlegter aromatisierte Öle zum Würzen verwenden als Europäer. Das Pfannenrühren hat noch weitere Vorteile: Man spart Zeit beim Kochen, denn die zuvor in kleine gleichmäßige Stücke geschnittenen Zutaten sind im Nu gar, und man erhält eine Vielfalt von Gerichten, indem man einfach die Zutaten mischt und immer wieder neu zusammenstellt.

Das Schmoren ist eine Garmethode, die in der chinesischen Küche meist im Anschluß an das Pfannenrühren angewendet wird: immer dann, wenn das schnelle Braten nicht ausreicht, die Speisen weich zu garen. Dazu gießt man etwas Flüssigkeit in den Wok und reduziert die Hitze. Damit verhütet man das Anbrennen und verlängert die Kochzeit von 3 bis 4 Minuten oder weniger auf 10 bis 15 Minuten oder etwas mehr. Das reicht zum Weichgaren gewöhnlich aus. Wenn dann die Flüssigkeit fast verkocht ist, würzt man nach. Würzzutaten wie Sesamöl, Wein oder Sherry werden beim abschließenden kurzen Pfannenrühren unmittelbar vor dem Servieren zugefügt.

Das Rösten oder das »Braten ohne zu rühren«, wie man es in China praktiziert, ist dem europäischen Rösten von Brot (Croûtons) in Öl oder Butter sehr ähnlich. Bei dieser Methode wird das Bratgut, das bereits vorgegart sein kann (aber nicht muß), im Wok mit nur wenig Fett unter ein- oder mehrmaligem Wenden kroß gebraten.

Auch für das folgende Verfahren, das man als Abwandlung des Pfannenrührens bezeichnen kann, ist der Wok wegen seiner Größe und seines Fassungsvermögens außerordentlich brauchbar: das Mischen von verschiedenen Ingredienzen zu einem »heißen Salat«. Es ist ein Verfahren, das in der chinesischen Küche oft angewendet wird, wenn es darum geht, sättigende Zutaten (Reis oder Nudeln) mit würzigen Zutaten (Gemüse, Fleischwürfel, Meeresfrüchte) harmonisch zu vermischen. Auch dazu wird nur eine minimale Fettmenge benötigt, um ein Anbacken der verschiedenen Zutaten zu verhindern.

In China benutzt man den Wok auch zum Dämpfen. Dazu gibt man die zu garenden Zutaten in eine hitzebeständige Form. Diese Form wird in den Wok auf einen Rost in kochendes oder siedendes Wasser gestellt. Dabei soll der obere Rand der Form mindestens 7,5 cm über die Wasseroberfläche hinausragen, damit während des Dämpfens kein Wasser in die Form schwappt. Das Dämpfen im Wok kann kurz sein, aber auch ziemlich lange dauern. Kurz über Dampf gegart — höchstens 10 bis 15 Minuten — werden Fisch, Meeresfrüchte und zartes Fleisch. Langsames Dampfgaren kann 2 bis 3 Stunden und länger dauern. So benutzt man dann den Wok als Wasserbad zum Weichgaren von zäherem, billigerem Fleisch.

Daß man im Wok auch westlich kochen kann, zeigen die Rezepte für einige bekannte englische, französische und amerikanische Gerichte im letzten Kapitel dieses Buches. Ich konnte es mir jedoch nicht versagen, sie meinem persönlichen Geschmack anzupassen und ihnen eine typisch chinesische Note zu geben.

Nun noch eine Bemerkung zum Säubern des Woks: Obgleich man jetzt Woks auch aus Edelstahl, Kupfer oder Aluminium herstellt, werden die meisten noch nach traditioneller chinesischer

Manier aus Eisen geschmiedet. Ein Wok aus Eisen rostet, wenn man ihn einfach in Wasser spült und abtropfen läßt. Er muß stets gründlich abgetrocknet und mit etwas Speiseöl eingefettet werden, bevor man ihn wegstellt.

Ansonsten kann ein Wok eine Menge aushalten. Man braucht nur in einem Chinarestaurant zuzusehen, wie der Koch mit ihm umgeht. Unmittelbar nachdem er ein fertiges Gericht herausgenommen hat, hält er den Wok unter fließendes Wasser, fährt mit einer Bambusbürste in ihm herum, wischt ihn kurz aus und setzt ihn sofort wieder auf den Herd, um das nächste Gericht zu kochen. Weil der Wok noch glühend heiß ist, wenn man ihn ausspült, benötigt ein chinesischer Koch kein Spülmittel (ein westlicher Brauch, den wir Chinesen gar nicht schätzen). In einer Restaurantküche fettet man den Wok höchst selten. Er wird schließlich mehr als zweihundertmal am Tag benutzt und dabei jedes Mal gefettet.

In einer europäischen Küche, in der man den Wok nicht dauernd in Gebrauch hat, sollte man ihn jedoch nach jedem Spülen (am besten nur unter fließendem heißen Wasser, zur Not mit ein wenig Spülmittel) und nach gründlichem Trockenwischen mit einigen Tropfen Öl einreiben.

Das Kochen im Wok

In China gibt man bei Systemen und Begriffen dem Runden gewöhnlich den Vorzug vor dem Eckigen. Sogar in der Kriegskunst, etwa beim Schwerterfechten, sind viele Bewegungen kreisend und stehen im Gegensatz zu den geraden Stößen der Europäer. In unserer Philosophie sind wir Chinesen eher geneigt, in Kreisen zu denken (um so das Vollkommene im glatten Fluß der Zusammenhänge zu erreichen), als unserem Verstand zu gestatten, pfeilgerade wie ein Laserstrahl das unbekannte Universum zu durchdringen und zu erforschen. Aus diesen kreisenden Gedankenbewegungen und Verknüpfungen haben die Chinesen ihre Erkenntnis und Weisheit gewonnen. Auch die Idee, daß der Wok rund zu sein habe, mag wohl vor diesem Hintergrund entstanden sein.

Eine weitere, in der chinesischen Vorstellungswelt tief verwurzelte Idee ist die der Schnelligkeit. Die Bewegung soll blitzschnell sein, wie beim Schwerterkampf, wo man darauf abzielen muß, den Gegner schon dreimal enthauptet zu haben, bevor dieser noch seine Streitaxt zum ersten Schlag heben kann. Die Rundung des Woks macht es möglich, Speisen und Ingredienzen viel schneller, leichter und natürlicher zu rühren, zu wenden und zu drehen, als es in einer flachen Pfanne möglich wäre.

Wann der Wok zuerst aufkaum und allgemein benutzt wurde, ist nicht bekannt. Er war jedoch bereits im chinesischen Mittelalter (in der späten Han-Zeit und der Tang- und Sung-Zeit) ein verbreitetes Küchenutensil. Damals kamen geschlossene, mit Holz und Holzkohle beheizte Herde in Gebrauch. Vor dieser Zeit waren

Pfannengerührtes Rinderfilet mit schwarzen Bohnen
(Rezept Seite 33)

die chinesischen Kochgefäße aus schwerem Eisen, Bronze oder Ton und zum Teil auch mit Füßen versehen, da sie über offenen Feuerstellen und nicht auf geschlossenen Herden standen.

Verglichen mit den älteren Kochgefäßen ist der Wok eine entschieden leichtere Konstruktion, und man braucht zu seiner Benutzung gewöhnlich auch nur eine Hand. Er ist sogar leichter als manche Pfanne in der modernen Küche, denn nach der heutigen Mode müssen diese rustikal und sehr professionell aussehen und sind daher besonders groß und schwer. Wir haben uns daran gewöhnt, diese unhandlichen Dinger hinzunehmen, als ob wir jeden Tag zehn Portionen Paella zu kochen hätten. Um wirklich brauchbar zu sein, muß ein Wok zwar groß, aber auch leicht sein.

In einem großen Wok kann man sowohl große wie auch kleine Mengen garen, weil das Gargut immer nach unten gleitet und sich in der Vertiefung am Boden sammelt. Ein Wok muß groß sein, damit beim Pfannenrühren, wenn schnell gerührt, gewendet und gemischt wird, die Zutaten nicht herausfallen oder verschüttet werden. Das ist besonders beim Braten in reichlich Öl oder beim Fritieren wichtig, wo das Verspritzen von heißem Fett schlimme Folgen haben kann. Schließlich kann man einen großen Wok — er sollte einen Durchmesser von 37 bis 45 cm haben — auch als Dampftopf benutzen. In der chinesischen Küche wird oft ein Fisch im ganzen über Dampf gegart. Er nimmt dann die gesamte Breite des Woks ein. Außerdem braucht man einen großen Wok, um darin die nötige Menge Dampf zu erzeugen, wenn man mehrere Gerichte in aufeinander getürmten Bambuskörben garen will. Folglich gibt es in einem chinesischen Haushalt stets einen sehr großen Wok und darin einen mehrstöckigen Bambusdämpfer. Im obersten Dämpfeinsatz werden die Speisen warm gehalten, in den unteren Einsätzen werden sie gegart.

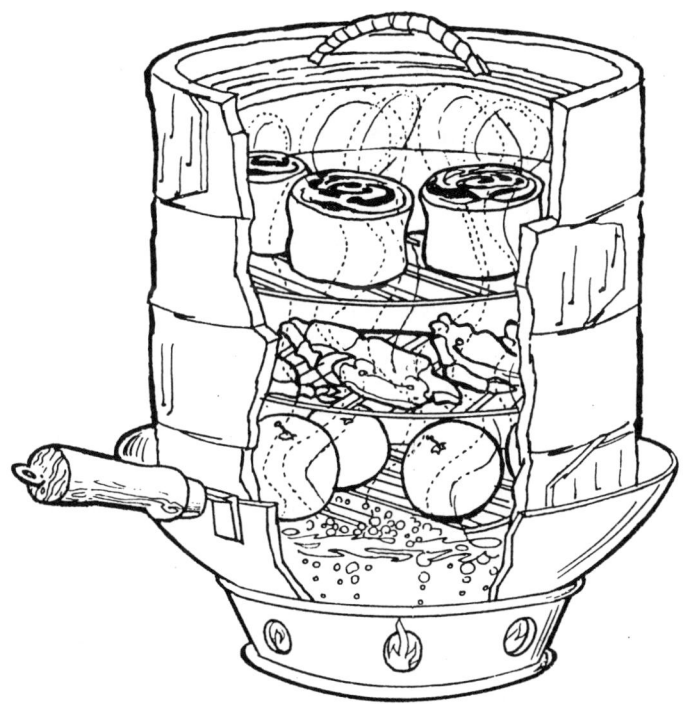

Nach diesen Überlegungen wollen wir uns eingehender mit einigen typischen Garmethoden beschäftigen. Was geht beim Kochen im Wok, wie er in der chinesischen Küche verwendet wird, vor? Und welche Ergebnisse werden dabei erzielt?

Das Pfannenrühren

Das Pfannenrühren oder schnelle Braten unter ständigem Rühren ist eine Garmethode, die schon oft in chinesischen Kochbüchern beschrieben wurde. Ich möchte es hier dennoch nochmals tun und zwar in bezug auf den Wok, der speziell dafür gemacht zu sein scheint. Pfannenrühren muß schnell vor sich gehen. Dazu braucht man prompte Hitze. Mit prompt meine ich, daß man die Hitze augenblicklich hochstellen kann, wenn man sie braucht, und ebenso schnell reduzieren und abstellen kann, wenn sie nicht mehr erforderlich ist. Das gelingt nur, wenn der Wok dünnwandig ist, so daß die Hitze das Gargut augenblicklich durch das Metall erreichen kann. Umgekehrt ist es ebenso wichtig, daß sich der Wok sofort abkühlt, wenn er von der Flamme genommen oder die Hitze abgestellt wird. Er darf keine Hitze speichern, damit das Gargut darin nicht weiterkocht. Deshalb muß der Wok zwar widerstandsfähig sein und ein ständiges, kräftiges Herumrühren und -schaben aushalten können, er darf aber nicht schwer und dickwandig sein.

Besonders geeignet für das Pfannenrühren sind ganz frische Lebensmittel, sei es Fleisch, Fisch, Meeresfrüchte oder Gemüse. Die spezielle Technik bei diesem Verfahren besteht darin, daß die einzelnen Zutaten in hauchdünne Scheiben oder kleine Würfel (etwa in der Größe von kleinen Zuckerwürfeln) geschnitten und in Sekundenschnelle über starker Hitze in nur wenig Öl gebraten werden. Dieses Braten unter schnellem Rühren über großer Hitze dauert nur $\frac{1}{2}$ bis $1\frac{1}{2}$ Minuten. Es bewirkt, daß sich die Poren an der Oberfläche des Gargutes sofort schließen. Die Hitze des Öls und des Metalls durchdringt die dünnen Stücke von allen Seiten, so daß der Saft im Inneren sofort zum Sieden kommt. Er kann nicht austreten, weil die Garzeit kurz ist und die Poren sofort versiegelt werden. Auf diese Weise gebraten, ziehen die Stücke kein Wasser, sie bleiben außerordentlich saftig und geben auf sachten

Fingerdruck wie ein »auf den Punkt gegartes« Rinderfilet leicht nach.

Wenn die Hauptzutat eines Gerichtes — Fleisch, Fisch oder Gemüse — diesen Punkt erreicht hat, läßt man sie, abseits der Hitze, kurz ruhen, indem man sie entweder an die Seite schiebt oder aus dem Wok nimmt. Inzwischen rührt man in der Vertiefung des Woks aus den verschiedenen Würzzutaten schnell eine Sauce. Danach fügt man die herausgenommene Hauptzutat wieder zu, wendet sie kurz in der Sauce und vermischt sie schnell, aber gründlich mit den Würzzutaten. Das Ergebnis dieses kurzen Vorgangs ist eine köstliche Verbindung des saftig-frischen Eigengeschmacks der Hauptzutat mit der delikaten Würze der Sauce. Damit man dies richtig genießen kann, müssen pfannengerührte Speisen, wenn sie aus dem Wok kommen, sofort serviert und gegessen werden.

Für wirklich gute und frische Grundzutaten gibt es eigentlich keine bessere Garmethode.

Das Weichdünsten beim Pfannenrühren

Es kommt oft vor, daß man während des Pfannenrührens einige Zutaten kurze Zeit dünsten muß, damit sie weich werden. Wenn man die Hauptzutat (Fleisch, Fisch oder Meeresfrüchte) nach kurzem Pfannenrühren herausnimmt, fügt man meist einige zusätzliche Ingredienzen hinzu, hauptsächlich Gemüse wie Blumenkohl, Broccoli, grüne Bohnen, Kohl, Zucchini etc. Diese brauchen selbst über starker Hitze längere Zeit zum Weichwerden. Deshalb gießt man einige Eßlöffel heißes Wasser, Brühe, Wein oder eine Mischung davon zu und legt den Wokdeckel auf. Unter dessen Wölbung bildet sich Dampf, in dem das Gemüse gart ohne zu verbrennen. Dieser Vorgang dauert gewöhnlich nicht länger als 3 bis 5 Minuten, oft ist er auch kürzer. Danach wird der Wokdeckel abgehoben, die herausgenommenen Zuta-

ten werden wieder zugefügt und mit dem Gemüse und der Würzsauce vermischt.

Das Glacieren und Aromatisieren

Nach dem Weichdünsten wird Gemüse gewöhnlich mit Fett überglänzt oder, wie der Fachmann sagt, glaciert. In der chinesischen
Küche schwenkt man dazu das heiße Gemüse kurz vor dem Anrichten in etwas zerlassenem Fett, meist in etwas Schmalz. Das
gibt dem Gemüse nicht nur ein besseres Aussehen, sondern rundet auch den Geschmack ab. Mit einigen Tropfen Sesamöl sowie
ein paar Teelöffeln feingeschnittenen Lauchzwiebeln oder Schnittlauch kann man es gleichzeitig aromatisieren.
Im Gegensatz zu Gemüse haben selbst mageres Fleisch und magerer Fisch immer einen gewissen Fettanteil. Deshalb glaciert
man sie in der chinesischen Küche nicht mit Fett, sondern man
verquirlt 2 bis 3 TL Speisestärke mit 2 bis 3 EL kaltem Wasser oder
kalter Brühe und gießt diese Mischung beim abschließenden
Pfannenrühren zu. Nach dem Aufkochen wird diese Mischung
sofort glasig und überglänzt die Fleisch- oder Fischstücke. Beim
abschließenden Pfannenrühren kann man auch gleichzeitig aromatisieren, indem man 2 bis 3 EL Wein oder Sherry oder auch
1 TL Sesamöl zufügt. Feingehackter Knoblauch zum Aromatisieren von Fleisch oder Fisch wird jedoch immer beim anfänglichen
Pfannenrühren zugefügt, bevor Flüssigkeit zugegossen wird. Zu
diesem Zeitpunkt kann man das Gericht auch nachwürzen, falls
das nötig ist.

Das Kurzschmoren

Das eigentliche Schmoren ist gewöhnlich ein langwieriger Gar-
prozeß bei niedriger Hitze, der sich in der chinesischen Küche
über Stunden hinziehen kann. Die Methode des Kurzschmorens

wendet man jedoch an, wenn beim Pfannenrühren kurzzeitiges Dünsten nicht ausreicht, um zähe Fleischstücke oder hartes Gemüse weich zu garen. Dazu gießt man etwas heißes Wasser oder Brühe an (auch eine Mischung von beidem samt einer Würzsauce) und schmort darin das Gargut 15 bis 30 Minuten lang bei geschlossenem Deckel. Will man die Sauce reduzieren, um ihr Aroma zu verstärken, schmort man im offenen Wok. Anschließend wird das Gargut glaciert und aromatisiert und abschließend nochmals kurz pfannengerührt.

Fleisch vom Schwein, Huhn, Lamm oder Kalb eignet sich vorzüglich zum Kurzschmoren in etwas Wein, wenn der Weingeschmack erwünscht ist; Rindfleisch jedoch nicht, da es in so kurzer Zeit nicht weich wird, es sei denn, es ist ein Filetstück. Doch das sollte besser nicht geschmort, sondern nur kurz pfannengerührt werden.

Auch Gemüsesorten, die eine etwas härtere Konsistenz haben, gewinnen dadurch, daß sie in etwas kräftiger Brühe mit Sojasauce und einem kleinen Schuß Wein kurz geschmort werden. Abschließend werden sie glaciert und aromatisiert.

Das Dämpfen im Wok

Diese Garmethode hat nichts mit dem oben beschriebenen Pfannenrühren zu tun. Sie wird jedoch in der chinesischen Küche sehr oft angewendet. Man unterscheidet zwei Arten: das schnelle und das langsame Dämpfen.

Das schnelle Dämpfen

Nahrungsmittel, die sehr frisch und von besonders guter Qualität sind, können nach dieser Garmethode zubereitet werden. Das gilt besonders für Fisch und Meeresfrüchte, die man immer nur fangfrisch verwenden sollte. Die Nahrungsmittel werden gewürzt und in einer hitzebeständigen Schale auf einen Dämpfrost in den Wok gestellt, der mit seinem gewölbten Deckel bedeckt wird. Dabei sollte man das Dämpfgut zusätzlich mit Aluminiumfolie lose abdecken, damit es nicht vom Kondenswasser, das sich am Wokdeckel absetzt, benetzt wird.

Zum Kurzdämpfen wird ein dauernder, kräftiger Dampf benötigt. Dieser wird durch sprudelnd kochendes Wasser am Wokboden erzeugt. Da die dafür benötigte Wassermenge mindestens $\frac{3}{4}$ bis 1 Liter beträgt, muß der Wok ausreichend groß sein. Sein Durchmesser soll immer etwas größer als die Dämpfeinsätze sein, damit der Dampf zirkulieren und kochendes Wasser nachgegossen werden kann, ohne daß man das Dämpfgut herausnehmen muß.

Dieses intensive Kurzdämpfen über starker Hitze dauert bei Nahrungsmitteln, die in dünne Scheiben oder kleine Würfel geschnitten sind, in den meisten Fällen nicht länger als 8 bis 12 Minuten. Ganze Fische müssen allerdings mindestens 20 Minuten gedämpft werden, damit sie auch an Stellen, die dicker als 5 cm sind, durchgaren. Fische werden nach dem Dämpfen zur Hebung von Geschmack und Aussehen noch mit heißem Fett überglänzt.

In der Regel muß diese Art des Dämpfens genau wie das Pfannenrühren so kurz wie möglich gehalten werden. Denn nur durch die Kürze des Garprozesses bleibt die würzige Frische der Zutaten und die Reinheit des Geschmacks bestmöglich erhalten. Nicht umsonst heißt die chinesische Bezeichnung für diese Art des Garens »Ch'eng«, ein Wort, dessen Nebenbedeutung »Reinheit« ist.

Nach den vielen pfannengerührten Gerichten, die in der chinesischen Küche üblich sind, ist ein gedämpftes Gericht, bei dem die Zutaten so pur und unvermischt wieder aus dem Wok kommen, wie man sie hineingetan hat, eine willkommene Abwechslung. Wenn man diese Gerichte dann noch dampfend serviert, erzielt man außerdem einen interessanten Effekt.

Das langsame Dämpfen

Diese Methode, die man im Chinesischen als »T'ung« bezeichnet, unterscheidet sich von der vorherigen dadurch, daß das Gargut nicht direkt dem zirkulierenden Dampf ausgesetzt ist und sehr viel länger über mäßiger Hitze gegart wird — von 1 Stunde bis zu 5 oder 6 Stunden.

Dazu legt man das Gargut in eine hitzebeständige Form, die mit einem dichtschließenden Deckel, mit gefettetem Pergamentpapier oder mit Aluminiumfolie fest verschlossen wird. Diese Form setzt man auf einen Rost 2,5 bis 5 cm über dem kochenden Wasser und legt den Wokdeckel auf. Dabei muß kochendes Wasser in regelmäßigen Abständen, etwa jede halbe Stunde, nachgegossen werden, damit eine stetige Dampfzirkulation gewährleistet ist und der Wok nicht trocken kocht. Durch dieses langsame Garen über mäßiger Hitze werden die Speisen butterzart.

Vor allem preiswerteres Fleisch (älteres Geflügel, Beinfleisch vom Rind, Schweinehachsen, Hammel- und Schweineschulter), das im Grunde mehr Aroma und einen ausgeprägteren Geschmack als zartes, junges Fleisch hat, kann auch auf diese Weise mit großem Gewinn zubereitet werden. Viele chinesische Gerichte, die man als Fleischpuddings bezeichnen kann, werden ebenfalls so gegart. Auch kann man bei dieser Methode in aller Ruhe das Aroma einer Speise »aufbauen«, indem man nach und nach verschiedene Würzzutaten wie chinesische Mixed Pickles, getrocknete Pilze, Kräuter etc. zufügt.

Der Wok in der europäischen Küche

Der Wok eignet sich nicht nur für die Zubereitung chinesischer Speisen, sondern auch ausgezeichnet für den alltäglichen Gebrauch in der europäischen Küche, besonders für die Zubereitung »à la minute«, also für die Zubereitung von Minutengerichten.

Fast vergessene traditionelle Speisen wie die verschiedenen Fleischpuddings des 19. Jahrhunderts können, modern abgeändert, nach Art der chinesischen »T'ung-Gerichte« im Wok gegart werden. Und die »Ch'eng-Methode« des schnellen Dämpfens kann bei vielen Gerichten der modernen »Nouvelle Cuisine« und »Cuisine minceur« mit Erfolg angewendet werden — besonders beim Garen von Fisch, Meeresfrüchten, Gemüse und zartem Fleisch.

Das schnelle Pfannenrühren hat alle Voraussetzungen, auch im Westen populär zu werden, denn es ist einfach, geht schnell und bietet überdies dem einzelnen alle Möglichkeiten, beim Mischen und Zusammenstellen der einzelnen Ingredienzen seine Kreativität voll zu entfalten. Heutzutage hat wohl jeder mehr oder weniger das Verlangen, kreativ zu sein. Die Einführung des Woks könnte eine kulinarische Revolution in der europäischen Küche bewirken, einfach indem noch unerschlossene kreative Energie freigesetzt wird.

Zur Anregung der Experimentierfreudigkeit werden im letzten Kapitel dieses Buches einige bekannte europäische Gerichte nach chinesischer Manier im Wok gekocht. Beim Nachvollziehen und Ausprobieren kann der Leser dann entscheiden, ob der Gebrauch des Woks für ihn vom praktischen Nutzen ist und seine Kreativität beflügelt. Über das Ergebnis wird allemal beim Essen entschieden.

Pfannengerührte Schnellgerichte

Ich beginne mit der Garmethode des schnellen Bratens unter ständigem Rühren und Wenden des Gargutes. Für diese chinesische Garmethode — die der europäischen des Sautierens nicht unähnlich ist — hat sich neuerdings der Ausdruck »Pfannenrühren« eingebürgert.

Durch eine immer wieder neue Zusammenstellung und harmonische Mischung der verschiedenen Zutaten kann man nach dieser Methode eine Vielzahl von Gerichten zubereiten, und das bei geringstem Zeitaufwand. Das besonders Verlockende für den Anfänger liegt darin, daß man im Nu zu einem Ergebnis gelangt: eine einfache Mahlzeit mit 2 bis 3 Gerichten kann in 20 bis 30 Minuten zubereitet und serviert werden — mit einiger Übung sogar noch schneller: Die besten chinesischen Gerichte sind oft ganz einfach und unkompliziert. So sagt auch Escoffier von der großen französischen Küche: »Fait simple!«

Viele, die sich noch nicht mit der chinesischen Küche befaßt haben, sind der irrigen Meinung, daß man dafür eine Unmenge an exotischen Gewürzen benötigt. Mein Rat ist: Vergessen Sie die Gewürze! Alles was man zunächst braucht, um ein zufriedenstellendes Ergebnis zu erzielen, sind die drei charakteristischen Würzgemüse: Lauchzwiebeln, Knoblauch und frischer Ingwer. Die wenigen Würzzutaten, die man zusätzlich benötigt, sind: Sojasauce, Sojabohnenpaste (oder gelbe Bohnensauce oder Hoisin-Sauce) und chinesisches Sesamöl. Sie sind heute in den meisten Kaufhäusern oder in Chinaläden zu erschwinglichen Preisen erhältlich. Alle anderen Gewürze, die man sonst noch benötigt, hat man sowieso schon im Küchenregal: Salz, Pfeffer, Senf, Chilisauce, Essig, Tomatenmark, Wein oder Sherry, Bouillonwürfel und ein neutrales Speiseöl. Mit diesen Zutaten kann man sofort anfangen, chinesisch zu kochen.

Einen Wok sollte man allerdings haben. Als ich dieses Buch schrieb, war er ein noch verhältnismäßig billiges Küchenutensil. So konnte ich empfehlen, sich gleich zwei Woks anzuschaffen. Es hat gewisse Vorteile, ein Gericht gleichzeitig in zwei Woks zuzubereiten: in dem einen das Fleisch und in dem anderen den Reis, die Nudeln oder das Gemüse, um zum Schluß alles in einem der beiden zu mischen. In der chinesischen Küche muß man unter allen Umständen vermeiden, die Zutaten miteinander zu zerkochen. Wenn man die einzelnen Zutaten am Anfang getrennt brät oder gart und erst später vorsichtig mischt, umgeht man diesen Fehler. Hat man keinen zweiten Wok, so kann man statt dessen eine gewöhnliche Bratpfanne verwenden.

Zu einem chinesischen Essen gehören mindestens zwei Gerichte. Davon muß das eine sättigend und das andere würzend sein, wie etwa gebratener Reis oder gebratene Nudeln sättigend zu einem würzigen, pfannengerührten Fleischgericht sind. Nur wenn man mehr als ein Fleisch- oder Fischgericht serviert, reicht man einfachen gekochten Reis dazu. Um eine bessere Ausgewogenheit zu erreichen, sollte bei mehr als zwei würzenden Fleischgerichten das zusätzliche dritte ein reines Gemüsegericht sein. In der chinesischen Küche bemüht man sich nicht nur aus gesundheitlichen Gründen um größtmögliche Ausgewogenheit. Ein gut ausgewogenes Essen ist gefälliger anzusehen und schmeckt auch besser.

Nach den Rezepten in diesem Kapitel kann man sich ein einfaches chinesisches Essen zusammenstellen, das aus einem pfannengerührten Fleischgericht zu gebratenem Reis oder gebratenen Nudeln besteht. Die angegebenen Zutaten sind ausreichend für 2 bis 3 Personen mit durchschnittlichem oder etwas mehr als durchschnittlichem Appetit. Für 3 bis 4 Personen sollte man nicht die Zutatenmenge erhöhen, sondern einfach ein reines Gemüsegericht zusätzlich reichen, statt einer Zweier- also eine Dreier-Kombination servieren. Zu beiden Kombinationen werden: gebratener Reis oder gebratene Nudeln serviert.

Grundrezept für gebratenen Reis

Für 2 bis 3 Personen
1 mittelgroße Zwiebel · 2–3 Scheiben magerer Räucherspeck
½ TL Salz · 2–3 Eier · 2½ EL Speiseöl
300–400 g gekochter kalter Reis · 1½ EL Butter oder Schmalz
2–3 EL grüne Erbsen (frisch oder tiefgefroren)
1–1½ EL Sojasauce

Die geschälte Zwiebel in dünne Scheiben und den Räucherspeck in streichholzgroße Streifen schneiden. Die Eier in eine Tasse oder kleine Schale aufschlagen, salzen und etwa 10 Sekunden verquirlen.

Das Öl über mittlerer Hitze im Wok erhitzen. Anschließend die Zwiebelscheiben und Räucherspeckstreifen zufügen. Unter ständigem Rühren 1½ Minuten braten. Danach im Wok zur Seite schieben und die verquirlten Eier in das Öl gießen. Sobald sie zu stocken beginnen, werden sie mit den Zwiebeln und dem Räucherspeck vermischt. Nach dem Stocken der Eier den gekochten Reis (in chinesischen Haushalten ist es meist übriggebliebener Reis vom Vortag) zufügen. Den Reis körnig auflockern und gründlich mit den Eiern, den Zwiebelscheiben und den Speckstreifen vermischen. Unter ständigem Rühren 1½ Minuten braten. Danach den Wok vom Feuer nehmen.

Die Butter oder das Schmalz in einem zweiten Wok oder einem Tiegel erhitzen und die frischen oder aufgetauten Erbsen zufügen. Über mittlerer bis starker Hitze 1¼ Minuten unter Rühren dünsten und anschließend über den gebratenen Reis streuen. Den Wok zurück aufs Feuer geben, den Reis mit der Sojasauce beträufeln und eine weitere Minute unter Rühren braten.

Den gebratenen Reis in 2 bis 3 Schalen verteilen und mit einem der folgenden würzigen Fleischgerichte servieren.

Grundrezept für gebratene Nudeln
Chow Mein

Für 2 bis 3 Personen
3–4 Lauchzwiebeln · 100–200 g magerer Räucherspeck
1–2 Stangen Staudensellerie · 100 g Champignons
400 g chinesische Eiernudeln oder Spaghetti
2½ EL Speiseöl · 1½ EL Sojasauce · 2 EL Butter oder Schmalz
½ Hühnerbouillonwürfel (aufgelöst in 3–4 EL kochendem Wasser)
1 EL trockener Sherry

Die Lauchzwiebeln putzen, waschen und in 2½ cm lange Stücke schneiden. Den mageren Räucherspeck entrinden und in streichholzgroße Streifen schneiden. Die Selleriestangen waschen, die Pilze putzen und entstielen. Pilze und Sellerie in 4 bis 5 cm lange Streifen schneiden. Die Eiernudeln oder Spaghetti al dente kochen, kalt abschrecken und abtropfen lassen.

Das Öl im Wok erhitzen. Die Räucherspeckstreifen zufügen und über mittlerer Hitze 1½ Minuten unter ständigem Wenden anbraten. Anschließend die Lauchzwiebeln einstreuen und etwa eine weitere Minute rühren, bis sich das ausgelassene Fett des Räucherspecks mit dem Öl vermischt hat. Danach 1 EL Sojasauce zugießen und kurz umrühren. Die Nudeln oder Spaghetti zufügen und mit den Speckstreifen und Lauchzwiebeln gründlich vermischen. Über geringer Hitze garen lassen.

Inzwischen die Butter oder das Schmalz (oder eine Mischung aus beidem) in einer kleinen Pfanne erhitzen. Die Pilz- und Selleriestreifen ins heiße Fett geben und über starker Hitze 1½ Minuten braten, dabei ständig rühren. Anschließend die Hühnerbouillon und ½ EL Sojasauce zufügen. Weitere 1½ Minuten über starker Hitze pfannenrühren. Danach die gebratenen Pilz- und Selleriestreifen über die Nudeln in den Wok geben und etwa 30 Sekunden gut durchmischen. Zuletzt die Nudeln mit dem Sherry beträufeln.

Die gebratenen Nudeln in 2 bis 3 Schälchen verteilen und auftragen. Restliche Nudeln können bei Bedarf im Wok schnell wieder erhitzt werden.

Zu diesem Gericht reicht man mindestens eines der folgenden pfannengerührten Fleischgerichte. Man kann allerdings auch darauf verzichten und einfach die Menge der Nudeln und des Gemüses um die Hälfte erhöhen. So reicht das Gericht aus, um 4 hungrige Esser zu befriedigen.

Würzige pfannengerührte Fleischgerichte

Die folgenden Gerichte sind Kombinationen aus Fleisch und würzigem Gemüse. Man reicht sie zu gebratenem Reis oder gebratenen Nudeln. Mit 1 bis 2 weiteren Gerichten reichen sie auch für mehr Personen. Ein Glas Wein oder Bier, aber auch ein guter chinesischer Tee runden diese Essen vorzüglich ab.

Schnellgebratene Rindfleischstreifen mit Lauch

Für 2 bis 4 Personen
300–400 g mageres Rindfleisch (Hüft- oder Kluftsteak)
1 TL Salz · frischgemahlener Pfeffer
2½ EL Speiseöl · 2 Knoblauchzehen · 4 Lauchstangen
1 EL Butter · 4–5 EL Hühnerbrühe
2 TL Speisestärke (angerührt mit 2 EL kaltem Wasser)
½ TL Zucker · 1 EL Sojasauce

Das Rindfleisch in sehr dünne, etwa 4 cm lange Streifen schneiden. Mit Salz und Pfeffer bestreuen und mit ½ EL Öl vermischen. Die geschälten Knoblauchzehen fein hacken oder durch die Knoblauchpresse treiben. Vom gründlich gewaschenen Lauch nur die weißen und die zarten grünen Abschnitte verwenden, und diese diagonal in 2½ cm lange Stücke schneiden.

Die Butter zusammen mit der Hühnerbrühe in einer Kasserolle erhitzen. Die Lauchabschnitte einstreuen und über starker Hitze unter ständigem Rühren dünsten, bis nach etwa 1½–2 Minuten alle Flüssigkeit verkocht ist.

Das restliche Öl im Wok erhitzen. Die gewürzten Rindfleischstreifen sowie den zerdrückten Knoblauch zufügen. Auf großer Flamme 1 Minute unter ständigem Rühren braten, bis die Fleischstreifen fast gar sind. Anschließend die angerührte Speisestärke, den Zucker und die Sojasauce zugeben und eine halbe Minute pfannenrühren, bis die Fleischstreifen von der Sauce überzogen sind. Danach die gedünsteten Lauchabschnitte hineinlegen und das Ganze noch eine weitere Minute pfannenrühren.

In eine vorgewärmte Servierschüssel füllen und sofort zu Reis oder Nudeln reichen.

Pfannengerührtes Rinderfilet mit schwarzen Bohnen

(Foto Seite 17)

Für 4 Personen

---

500 g Rinderfilet · 1½ TL Salz · 1½ EL Speisestärke

---

1 kleines Eiweiß · 2 mittelgroße rote Paprikaschoten

---

6 EL Speiseöl

FÜR DIE SAUCE:

1½ EL fermentierte schwarze Sojabohnen

---

3 Scheiben Ingwerwurzel · 3 Knoblauchzehen

---

2 mittelgroße Zwiebeln · 2 grüne Chilischoten

---

6 EL kräftige Brühe · 2 EL Sojasauce

---

2 EL trockener Sherry · 1 EL Weißweinessig

Das Rinderfilet in dünne Streifen von 5×2,5 cm schneiden. Die Streifen mit Salz und frischgemahlenem Pfeffer einreiben und mit dem leicht verquirlten Eiweiß bepinseln.

Die Paprikaschoten halbieren, den Stielansatz und die Samenstände entfernen und das Fruchtfleisch in ebenso große Streifen wie das Filet schneiden.

Für die Sauce die fermentierten Sojabohnen abspülen und etwa 10 Minuten in warmem Wasser einweichen. Danach abtropfen lassen und ⅔ der Bohnen ebenso wie den geschälten Ingwer, die Knoblauchzehen, die Zwiebeln und die von den Kernen befreiten Chilischoten fein hacken.

Das Öl im Wok erhitzen. Die Filetstreifen in einer Schicht einlegen und etwa 1 Minute unter ständigem Wenden anbraten. Anschließend mit einem Sieblöffel herausheben und warm halten. Danach die feingehackten Würzzutaten für die Sauce in das heiße Öl streuen und über starker Hitze 1 Minute pfannenrühren, damit sie ihr Aroma entwickeln.

Anschließend die Paprikastreifen und die restlichen Bohnen einstreuen und die Brühe, die Sojasauce, den Sherry und den Weinessig zugießen. Über starker Hitze eine weitere Minute pfannenrühren. Danach die Filetstreifen zurück in den Wok geben, mit der Sauce vermischen und kurz erhitzen.
Sofort zu Reis oder Nudeln servieren.

Scharf gewürztes Rindergeschnetzeltes mit Karotten- und Selleriestreifen nach Szechuan-Art

Für 2 bis 4 Personen

400 g mageres Rindfleisch (Hüft- oder Kluftsteak)

1 EL Sojapaste · ½ EL Sojasauce · 1½ EL Chilisauce

1½ TL Zucker · 2½ EL Speiseöl · 1—2 kleine getrocknete Chilis

3 Stangen Staudensellerie · 2 mittelgroße Karotten

½ EL Schmalz

Das Fleisch in 5 cm lange, etwa streichholzdicke Streifen schnetzeln. Mit der Sojapaste, der Sojasauce, der Chilisauce, dem Zucker sowie ½ EL Öl gut vermischen. Die geputzten Selleriestangen und die Karotten in feine Streifen schneiden. Die getrockneten Chilischoten entkernen und ebenfalls klein zerschneiden.
Die restlichen 2 EL Öl im Wok erhitzen. Anschließend das Rindergeschnetzelte einstreuen und über mittlerer Hitze 3 Minuten unter ständigem Rühren anbraten. Danach die Hitze reduzieren und das Geschnetzelte über kleiner Flamme 6 bis 7 Minuten unter ständigem Rühren braten, bis es weich und die Flüssigkeit verkocht ist. Anschließend das Schmalz sowie die Gemüsestreifen

Rindfleisch mit Pilzen und Gemüse (Rezept Seite 37)

zufügen und alles über mittlerer Hitze noch weitere 2 Minuten pfannenrühren.

Das Geschnetzelte in eine vorgewärmte Schüssel geben und sofort zu gebratenem Reis oder gebratenen Nudeln servieren.

Schnellgebratene Rindfleischwürfel mit Karotten und grünen Erbsen

Für 2 bis 4 Personen
400 g mageres Rindfleisch (Hüft- oder Kluftsteak)
1 mittelgroße Karotte · 1–2 Scheiben frischen Ingwer
4 EL Hühnerbrühe · 1 EL Butter · 1 EL Schmalz
100 g grüne Erbsen (frisch oder tiefgefroren)
2½ EL Speiseöl · 1 EL Sojasauce · 1 TL Zucker
½–¾ EL Sojapaste (oder Hoisin-Sauce) · ½ TL Salz
2 TL Speisestärke (angerührt mit 2½ EL kaltem Wasser)

Das Fleisch sowie die geputzte Karotte in würfelzuckergroße Stückchen schneiden. Den geschälten Ingwer fein hacken.

Die Hühnerbrühe in einem kleinen Topf erhitzen und die Karottenwürfel zufügen. Über mittlerer Hitze dünsten, bis die Flüssigkeit fast verkocht ist. Jetzt die Butter und das Schmalz zufügen und die grünen Erbsen einstreuen. Etwa 2 Minuten dünsten, dabei einige Male umrühren.

Das Öl im Wok erhitzen. Den gehackten Ingwer sowie die Fleischwürfel zugeben und über starker Hitze 1 Minute unter ständigem Rühren braten. Anschließend die Sojasauce, den Zucker, die Sojapaste (oder Hoisin-Sauce) sowie das Salz zufügen und über starker Hitze 1 Minute lang gründlich mischen. Danach die angerührte Speisestärke zugießen und weiterrühren, bis die Sauce bindet und die Fleischwürfel glänzend überzieht. Zuletzt die

Erbsen und die Karottenwürfel zugeben und etwa 30 Minuten lang mit den Fleischwürfeln mischen.

Sofort zu gebratenen Nudeln oder gebratenem Reis servieren.

Rindfleisch mit Pilzen und Gemüse

(Foto Seite 35)

Für 6 Personen

---

25 g getrocknete Mu-Err-Pilze

---

500 g Rinderlende

ZUM MARINIEREN:

---

4 EL Sojasauce · 2 EL trockener Sherry

---

2 Knoblauchzehen · 1 Chilischote · 250 g Karotten

---

100 g Okra-Schoten · 1 Bund Frühlingszwiebeln

½ kleiner Wirsing · 1 Dose Bambussprossen (230 g)

---

1 Glas Sojabohnenkeimlinge (350 g)

---

3 EL Erdnußöl · Salz · Pfeffer aus der Mühle

⅛ l Hühnerbrühe · je 1 EL Soja- und Hoisinsauce

---

2 EL trockener Sherry

Die Pilze einweichen und quellen lassen. Anschließend gründlich waschen und in schmale Streifen schneiden. Die Rinderlende quer zur Faser zuerst in dünne Scheiben, dann in dünne Streifen schneiden. Die Sojasauce mit dem Sherry, den durchgepreßten Knoblauchzehen und der ganz feingehackten Chilischote gut verrühren. Die Marinade gleichmäßig über die Fleischstreifen gießen. Zugedeckt etwa 30 Minuten durchziehen lassen. Anschließend gut abtropfen lassen, dabei die Marinade auffangen. Das Fleisch trockentupfen.

Inzwischen das Gemüse putzen und waschen. Die Karotten in Stifte schneiden. Die Okra-Schoten längs halbieren. Frühlingszwiebeln in Ringe, den Wirsing in 1 cm breite Streifen schneiden. Bambussprossen und Sojabohnenkeimlinge gründlich abtropfen lassen. Die Bambussprossen in schmale Streifen schneiden.

Das Öl im Wok erhitzen, dabei den Wok hin und her schwenken, damit auch die Seiten von einem Fettfilm überzogen werden. Das Fleisch hineingeben. Bei starker Hitze und unter ständigem Rühren rundum 2 Minuten braun anbraten. Dann herausnehmen. Die Pilze in den Wok geben und kurz anbraten. Das Gemüse sortenweise nach und nach dazugeben. Zuerst die Karotten, dann Okra-Schoten und Frühlingszwiebeln und zuletzt Wirsing, Bambussprossen und Sojabohnenkeimlinge. Unter ständigem Rühren immer kurz braten. Dann alles mit der aufgefangenen Marinade, Salz und Pfeffer würzen. Die Fleischbrühe zugießen und Soja-, Hoisinsauce und Sherry unterrühren. Das Fleisch hinzufügen und alles noch mal kurz ganz stark erhitzen.

Lammfleischgerichte

In allen vorangegangenen Rezepten kann statt Rindfleisch auch Lammfleisch verwendet werden. In Nordchina, wo Lamm- und Hammelfleisch sehr beliebt sind, werden diesen Gerichten stets reichlich Knoblauch und Ingwer sowie als zusätzliche Würze Reiswein zugesetzt. Die in den Rindfleischrezepten angegebenen Mengen dieser Würzzutaten sollte man deshalb bei der Verwendung von Lammfleisch verdoppeln.

Schweinefleischgerichte

In der chinesischen Küche wird Schweinefleisch sicherlich weit häufiger als alles andere Fleisch verwendet. Der Grund ist wahrscheinlich der, daß der Eigengeschmack von Schweinefleisch im Vergleich zu anderen Fleischsorten als entschieden neutraler empfunden wird. Man meint daher, es besser mit den verschiedensten Zutaten kombinieren zu können. Dabei sollte man jedoch keine scharfen geschmacklichen Kontraste erzielen wollen, sondern Gemüse und Würzzutaten verarbeiten, die nicht zu stark hervortreten.

Alle vorangegangenen Rezepte können auch mit Schweinefleisch zubereitet werden. Man sollte jedoch beachten, daß Schweinefleisch mindestens 1 bis 2 Minuten länger als Rind- oder Lammfleisch pfannengerührt werden muß. Pfannengerührtes Rindfleisch wird bei längerem Braten zäh, Schweinefleisch jedoch kann eine 1 bis 2 Minuten längere Bratzeit vertragen. Es darf aber nicht übergart werden, da es sonst seinen Saft verliert und trocken wird. Es sollte gerade so lange gebraten werden, bis die Stücke zwar gebräunt, aber im Innern noch saftig sind. Ein gutes Anbräunen ist besonders wichtig, wenn das Schweinefleisch nicht ganz mager ist, da das gebratene Fett dem Schweinefleisch erst sein besonderes Aroma verleiht.

Schweinegeschnetzeltes
mit Lauchzwiebeln, Gewürzgurken und Bohnensprossen

Für 2 bis 3 Personen

300–400 g nicht zu mageres Schweinefleisch (Schulter)

1 mittelgroße Gewürzgurke · ½ EL Speisestärke

1 TL Salz · 2½ EL Speiseöl · 2 Knoblauchzehen

2 Lauchzwiebeln · 300–400 g Bohnensprossen · 1 EL Schmalz

1½ EL Sojasauce · 1 TL Zucker

Das sauber entsehnte Fleisch und die Gewürzgurke in streichholzdünne Streifen schnetzeln. Die Fleischstreifen mit der Speisestärke, dem Salz und ½ EL Öl vermischen. Die geschälten Knoblauchzehen fein hacken oder durch die Knoblauchpresse treiben. Die geputzten Lauchzwiebeln in 2,5 cm lange Stücke schneiden. Die Sojabohnensprossen heiß abspülen und abtropfen lassen.

Das restliche Öl im Wok erhitzen. Die Fleischstreifen ins heiße Öl geben und über starker Hitze 2½ Minuten unter ständigem Rühren anbraten. Den Knoblauch und die Lauchzwiebeln zufügen und 1 weitere Minute pfannenrühren. Anschließend das Schmalz zufügen und die Bohnensprossen unterheben. Das Ganze mit der Sojasauce beträufeln und mit dem Zucker bestreuen. Über starker Hitze weitere 2 Minuten pfannenrühren.

In eine vorgewärmte Schüssel geben und sofort zu Reis oder Nudeln servieren.

Pfannengerührte Schweinefleischscheibchen mit Paprika und Sellerie

Für 2 bis 3 Personen

400 g nicht zu mageres Schweinefleisch (Schulter)

1 TL Salz · frischgemahlener Pfeffer · 3 TL Speisestärke

2½ EL Speiseöl · 1 rote Paprikaschote

3 Stangen Staudensellerie · 1½ EL Schmalz oder Butter

1 TL Zucker · 1 TL Chilisauce · 1 EL Sojasauce

Das Fleisch in dünne Scheiben von etwa 4,5 cm Durchmesser schneiden und mit Salz, Pfeffer sowie Speisestärke bestäuben, mit ½ EL Öl beträufeln und gründlich mischen. Die Paprikaschote halbieren, entkernen und in 4 cm große Stücke, die geputzten Selleriestangen diagonal in 4 cm lange Abschnitte schneiden.

Das restliche Öl im Wok erhitzen. Die Fleischscheibchen ins heiße Öl geben und über großer Flamme 2½ Minuten unter ständigem Rühren braten. Anschließend das Gemüse einstreuen und das Schmalz, den Zucker und die Chilisauce zufügen. Alles gründlich miteinander mischen und 2 Minuten pfannenrühren. Danach die Sojasauce darüberträufeln und nochmals 1 Minute unter ständigem Wenden weiterbraten.

In eine vorgewärmte Schüssel füllen und sofort zu Reis oder Nudeln servieren.

Pfannengerührte Schweinefleischscheibchen mit Pilzen und Frühlingskohl

Für 2 bis 3 Personen

400 g mageres Schweinefleisch · ¼ TL Salz

3 TL Speisestärke · 2 EL Speiseöl · 200 g kleine Champignons

300 g zarte Kohlblätter · 2 EL Schmalz · 1 EL Sojasauce

3 EL Hühnerbrühe · ¾ EL Bohnenpaste

1 TL Zucker

Das Fleisch in dünne Scheiben von 4×2,5 cm schneiden und mit Salz, Speisestärke und ½ EL Öl einreiben. Die Pilzstiele entfernen, die Kappen waschen und trockentupfen. Den Kohl waschen, die groben Rippen wegschneiden und die Blätter in 5 cm breite Streifen schneiden.

Das Schmalz im Wok erhitzen. Die Pilze und die Kohlstreifen ins heiße Fett geben und über starker Hitze 1½ Minuten pfannenrühren. Anschließend die Sojasauce und die Hühnerbrühe zugießen und eine weitere Minute unter ständigem Rühren dünsten. Einen Deckel auflegen, das Gemüse über mittlerer Hitze 2 Minuten schmoren und danach wieder aufdecken.

Das restliche Öl in einem zweiten Wok (oder einer Pfanne) erhitzen. Die Fleischscheiben ins heiße Öl streuen und über starker Hitze 2½ Minuten unter ständigem Rühren braten. Anschließend die Bohnenpaste und den Zucker einrühren und noch weitere 2 Minuten pfannenrühren. Danach die Fleischscheiben mit dem Gemüse vermischen und alles nochmals 1 Minute pfannenrühren.

In eine vorgewärmte Schüssel füllen und sofort zu Reis oder Nudeln servieren.

Anmerkung:
Kenneth Lo empfiehlt für dieses Gericht Frühlingskohl. Das ist ein zarter Kohl, der im Frühjahr noch keine Köpfe gebildet hat. Er ist bei uns nicht erhältlich. Man kann dieses Gericht jedoch auch mit zartem Spitzkohl, jungem Wirsing oder rheinischem Stielmus zubereiten.

Schweinegeschnetzeltes mit Bambussprossen, Tongu-Pilzen, Frühlingszwiebeln und Glasnudeln

Für 3 bis 4 Personen

300—400 g nicht zu mageres Schweinefleisch (Schulter)

100 g Bambussprossen · 4—5 mittelgroße getrocknete Tongu-Pilze

3 Lauchzwiebeln · 50 g Glasnudeln · 2 EL Speiseöl

1 EL Schmalz oder Butter · ½ TL Salz

125—250 ml Hühnerbrühe · 1½ EL Sojasauce

2 TL Sesamöl · 2 EL trockener Weißwein oder Sherry

Das Schweinefleisch zuerst in dünne Scheiben, danach in streichholzdicke Streifen schneiden, ebenso die Bambussprossen. Die getrockneten Pilze ½ Stunde in warmem Wasser einweichen, danach abtropfen lassen, die Stiele entfernen und die Kappen in Streifen schneiden. Die geputzten Lauchzwiebeln in 5 cm lange Stücke schneiden. Die Glasnudeln in reichlich lauwarmem Wasser 5 Minuten einweichen, herausnehmen und abtropfen lassen. Sie haben dadurch ihr Gewicht verdreifacht.
Das Öl im Wok erhitzen. Das geschnetzelte Fleisch ins heiße Öl

streuen und über starker Hitze 2 Minuten unter ständigem Rühren anbraten. Das Schmalz, die Pilze, die Bambussprossen und die Lauchzwiebeln zufügen und salzen. Alles über großer Flamme 2 Minuten pfannenrühren.

Anschließend die Nudeln zufügen und die Hühnerbrühe sowie die Sojasauce zugießen. Alle Zutaten gründlich miteinander vermischen und zum Kochen bringen. Über reduzierter Hitze 3 Minuten sacht kochen lassen und zum Schluß das Sesamöl sowie den Weißwein oder Sherry darüberträufeln.

In eine große vorgewärmte Schüssel geben und zu Reis servieren.

Dies ist ein Gericht, das in China oft und gern auf den häuslichen Tisch kommt. Im Gegensatz zu anderen pfannengerührten Gerichten, die sofort gegessen werden müssen, läßt es sich problemlos aufwärmen. Man kann es sogar einige Tage im Kühlschrank aufbewahren.

Schnellgebratene Filetwürfel in Bohnenpasten-Sauce

Für 2 bis 4 Personen
400 g Schweinefilet · 1 Eiweiß · 2 ½ EL Speiseöl
1 EL Schmalz · 1 EL Bohnenpaste
2 TL Zucker · ½ EL Sojasauce
½ EL Hoisin-Sauce (nach Belieben)
1 EL trockener Sherry

Das Filet in kleine, etwa würfelzuckergroße Stücke schneiden, in der Speisestärke wenden und mit dem leicht verquirlten Eiweiß benetzen.

Das Öl im Wok erhitzen. Das gewürfelte Filet ins heiße Öl geben und über starker Hitze unter ständigem Rühren 3 Minuten anbraten. Danach im Wok zur Seite schieben. Das Schmalz zufügen und schmelzen lassen. Die Bohnenpaste, den Zucker, die Sojasauce, den Sherry, nach Belieben auch die Hoisin-Sauce zugeben und über mittlerer Hitze zu einer sämigen Sauce verrühren. Die Filetwürfel unter die Sauce heben und eine weitere Minute auf großer Flamme pfannenrühren.

In eine vorgewärmte Schüssel füllen und, da dieses Gericht recht salzig ist, zu einer reichlich bemessenen Portion gekochten Reis servieren.

»Trilogie vom Schwein« mit Bohnenpaste und Gurkenwürfeln

Für 2 bis 3 Personen
150–200 g Schweinefilet · 150 g Schweineleber
150 g Schweinenieren · 1 Stück Salatgurke von 8 cm Länge
2 Scheiben frischen Ingwer · 2 ½ EL Speiseöl
1 EL Schmalz · 1 EL Bohnenpaste · ½ EL Sojasauce
1 ½ TL Zucker · 1 EL trockener Sherry

Das Filet, die Leber und die Nieren von allen Sehnen und Häuten befreien und in 6 mm große Würfelchen schneiden. Die gewaschene Gurke ungeschält ebenso klein würfeln. Den geschälten Ingwer fein hacken. Die Filet-, Leber- und Nierenwürfel mit ½ EL Öl und dem gehackten Ingwer vermischen.

Das restliche Öl im Wok erhitzen. Die gewürzten Filet-, Leber- und Nierenwürfel ins heiße Öl streuen, über starker Hitze 3 ½ Minuten unter ständigem Rühren braten und dann im Wok zur Seite schieben. Das Schmalz im heißen Öl zerlaufen lassen. Die Bohnenpaste, die Sojasauce, den Zucker und den Sherry zufügen. Alles zu einer sämigen Sauce verrühren und kurz aufkochen lassen. Danach die Fleischwürfel unterheben und 30 Sekunden pfannenrühren, damit sich die Aromen verbinden. Zuletzt die Gurkenwürfel einstreuen und etwa 30 Sekunden pfannenrühren.

In eine vorgewärmte Schüssel geben und zu gebratenem oder gekochtem Reis servieren.

Hühnerfleischgerichte

Für uns Chinesen hat Hühnerfleisch eine gewisse Ähnlichkeit mit Schweinefleisch, weil wir auch dessen Eigengeschmack als »neutral« empfinden. Wir halten es daher für besonders geeignet für Kombinationen mit den verschiedensten Zutaten und somit für eine Vielfalt von Gerichten. In der chinesischen Küche gibt es sicherlich fast genauso viele Hühner- wie Schweinefleischgerichte.

Ausgelöstes Hühnerfleisch — etwa Hühnerbrust — wird wie Schweinefilet zubereitet. Der einzige Unterschied besteht darin, daß es eine kürzere Bratzeit erfordert. Dementsprechend wird sie beim Pfannenrühren im Wok um etwa $1\frac{1}{2}$ Minuten verringert.

Wenn man Hühnerfleisch nicht ausgelöst schnetzelt, wird es am Knochen in größere, mundgerechte Stücke zerteilt. Bereitet man diese dann im Wok zu, müssen sie nach dem Anbraten gewöhnlich noch 3 bis 4 Minuten geschmort werden, damit sich das Fleisch leicht vom Knochen löst.

Die ersten drei der folgenden Rezepte zeigen, daß man Hühnerfilet auf ähnliche Art wie Schweinefilet zubereiten kann.

»Trilogie vom Huhn« mit kleinen Champignons und grünen Erbsen

Für 3 bis 4 Personen

140—200 g Hühnerfilet · 50—75 g Hühnerleber

50—75 g Hühnernierchen · ½ TL Salz

2 Scheiben frischer Ingwer · 2½ EL Speiseöl

1 EL Schmalz oder Butter · 75—100 g sehr kleine Champignons

75—100 g grüne Erbsen (frisch oder tiefgefroren)

1 EL Sojasauce · ½ TL Zucker

1½ EL trockener Sherry

Das Hühnerfilet, die Leber und die Nieren in würfelzuckergroße Stückchen schneiden. Mit Salz, dem feingehackten Ingwer und ½ EL Öl vermischen. Zugedeckt bei Raumtemperatur etwa 15 Minuten marinieren. Inzwischen die Champignons putzen und halbieren.

Das restliche Öl im Wok erhitzen. Die Fleisch-, Leber- und Nierenwürfel ins heiße Öl streuen und 2 Minuten über starker Hitze pfannenrühren. Danach im Wok auf die Seite schieben und das Schmalz ins heiße Öl geben. Wenn es zerlaufen ist, die geputzten Champignons sowie die grünen Erbsen zufügen und im heißen Fett wenden. Die Sojasauce, den Zucker und den Sherry darübergeben und alles 1½ Minuten über großer Flamme mischen und rühren.

In eine vorgewärmte Schüssel geben und sofort zu gebratenem oder gekochtem Reis servieren.

Schnellgebratene Hühnerfleischwürfel in Bohnenpasten-Sauce mit Cashewnüssen

Für 2 bis 3 Personen

200 g Hühnerbrust · 2 Scheiben frischer Ingwer

2 EL Speiseöl · 200 g Cashewnüsse · 1 EL Schmalz

1 EL Bohnenpaste · 1½ TL Zucker · ½ EL Sojasauce

1 EL trockener Sherry · 1½ EL Hühnerbrühe

Die Hühnerbrust in würfelzuckergroße Stücke schneiden und mit dem feingehackten Ingwer vermischen.

Das Öl im Wok erhitzen. Die gewürfelte Hühnerbrust sowie die Cashewnüsse ins heiße Öl geben und über starker Hitze 2½ Minuten unter ständigem Rühren braten. Mit einem Sieblöffel herausheben und bereithalten.

Danach das Schmalz im heißen Öl zerlaufen lassen. Die Bohnenpaste, den Zucker, die Sojasauce, den Sherry sowie die Hühnerbrühe zufügen und alles auf großer Flamme schnell zu einer sämigen Sauce rühren. Die Fleischwürfel und die Cashewnüsse zurück in den Wok geben und 1 Minute in der Sauce heiß rühren.

In eine vorgewärmte Schüssel füllen und sofort zu gebratenem oder gekochtem Reis servieren.

Schnellgebratenes Hühnergeschnetzeltes mit Prinzeßbohnen

Für 3 bis 4 Personen

200–300 g Prinzeßbohnen (Haricots verts)

140–200 g Hühnerfilet · ¼ TL Salz · frischgemahlener Pfeffer

¾ EL Speisestärke · 1 Eiweiß · ¼ Hühnerbouillonwürfel

5–6 EL Hühnerbrühe · ½ EL helle Sojasauce

1 EL trockener Sherry · 1 EL Schmalz oder Butter

2 EL Speiseöl

Die Bohnen putzen und waschen. Das Hühnerfilet quer zur Faser in doppelt streichholzdicke Streifen schnetzeln. Die Streifen salzen, pfeffern und in der Speisestärke wenden. Danach mit dem leicht verquirlten Eiweiß vermischen. Den Hühnerbouillonwürfel in der heißen Hühnerbrühe auflösen.

Die gewürzte Hühnerbrühe zusammen mit der Sojasauce und dem Sherry in einen weiten flachen Topf gießen und zum Kochen bringen. Die Bohnen in einer Schicht ausbreiten und über reduzierter Hitze 4 bis 5 Minuten garen, bis fast die ganze Flüssigkeit verkocht ist. Danach das Schmalz oder die Butter zufügen, zerlaufen lassen und die Bohnen darin wenden.

Inzwischen das Öl auf mittlerer Flamme im Wok erhitzen. Den Wok dabei schwenken, damit sich das heiße Öl gleichmäßig verteilt. Anschließend die Fleischstreifen in einer Schicht einlegen. Nach einigen Sekunden wenden und über gelinder Hitze 1½ Minuten pfannenrühren. Danach die glasierten Bohnen in den Wok geben, mit den Fleischstreifen vermischen und 1 weitere Minute unter ständigem Rühren braten.

Sofort zu gekochtem oder gebratenem Reis servieren. Das kräftige Grün und die eben noch knackige Konsistenz der Bohnen bilden einen gelungenen Kontrast zu der saftigen Zartheit des weißen Fleisches.

Scharf gewürzte Hühnerfleischwürfel »Kung Po« mit Paprikastreifen

Für 2 bis 3 Personen
200–250 g Hühnerfilet · 1 TL Salz · 2 TL Speisestärke
2 EL Speiseöl · 1 grüne Paprikaschote
2 getrocknete Chilischoten · 1 EL Schmalz
FÜR DIE SAUCE:
3 EL Hühnerbrühe · 1½ EL Essig · 1 EL Tomatenmark
1 EL trockener Sherry · 2 TL Speisestärke

Das Fleisch in würfelzuckergroße Stückchen schneiden, mit dem Salz und der Speisestärke bestreuen und mit ½ EL Öl vermischen. Die gewaschene Paprikaschote vierteln, entkernen und quer in 2,5 cm breite Streifen schneiden. Die Chilis halbieren, sorgfältig entkernen und in feine Streifchen schneiden. Die Saucenzutaten in eine kleine Schale geben und glattrühren.

Das restliche Öl im Wok erhitzen. Das gewürfelte Fleisch ins heiße Öl geben und unter ständigem Rühren über starker Hitze 2 Minuten anbraten. Mit einem Sieblöffel herausheben und bereithalten.

Das Schmalz im heißen Öl zerlaufen lassen. Die Chilistreifen einstreuen und über starker Hitze kurz rühren, um die Fettmischung zu aromatisieren. Anschließend die Paprikastreifen zufügen sowie die Saucenzutaten zugießen und unter ständigem Rühren zum Kochen bringen. Die Hühnerwürfel zurück in den Wok geben, mit den anderen Zutaten vermengen und alles 1½ Minuten pfannenrühren.

Auf eine vorgewärmte Platte geben und sofort zu gekochtem oder gebratenem Reis servieren. Dies ist ein bekanntes Gericht aus Szechuan und etwas für Liebhaber scharf gewürzter Speisen.

Hühnergeschnetzeltes mit Schinkenstreifen, Pilzen Staudensellerie und Glasnudeln

Für 2 bis 3 Personen

200 g Hühnerbrust · ½ TL Salz

100—125 g gekochter Schinken · 2—3 Stangen Staudensellerie

4 große getrocknete Tongu-Pilze · 50—75 g Glasnudeln

2—3 Lauchzwiebeln · 2 EL Speiseöl · 1 EL Schmalz

250 ml Hühnerbrühe · ½ Hühnerbouillonwürfel

1 EL Sojasauce · 2 TL Sesamöl

Die Hühnerbrust in doppelt streichholzdicke Streifen schnetzeln und mit dem Salz bestreuen. Den Schinken und den geputzten Staudensellerie in ebenso große Streifen schneiden. Die getrockneten Pilze in heißem Wasser 30 Minuten einweichen. Danach das Wasser ausdrücken, die zähen Stiele abdrehen und die Kappen ebenfalls in doppelt streichholzdicke Streifen schneiden. Die Glasnudeln 4 bis 5 Minuten in reichlich Wasser quellen lassen — sie haben dann ihr Gewicht verdreifacht — und abtropfen lassen. Die geputzten Lauchzwiebeln in 4 cm lange Stücke schneiden.

Das Öl im Wok erhitzen. Das geschnetzelte Fleisch ins heiße Öl streuen, über starker Hitze 1½ Minuten unter ständigem Rühren anbraten, mit einem Sieblöffel herausheben und warm halten. Jetzt das Schmalz und die Pilzstreifen in den Wok geben und 1 Minute pfannenrühren. Die Schinken- und Selleriestreifen zufügen, mit den Pilzen vermischen und weitere 2 Minuten unter ständigem Wenden braten.

Danach die Hühnerbrühe zugießen und die Nudeln unterheben. Den zerdrückten Bouillonwürfel einrühren, die geschnittenen Lauchzwiebeln darüberstreuen und die Sojasauce darüberträufeln. Die gebratenen Fleischstreifen wieder zufügen und alles unter häufigem Mischen und Wenden zum Kochen bringen. Anschließend sofort die Hitze reduzieren, 4 bis 5 Minuten auf kleiner Flamme garen lassen und zum Schluß mit Sesamöl beträufeln.

In eine vorgewärmte tiefe Schüssel füllen und servieren. Dies ist zwar ein reichlich bemessenes, magenfüllendes Gericht, dennoch kann dazu gekochter oder gebratener Reis gereicht werden.

Bunte Gemüsepfanne (Rezept Seite 70)

Hühnchen mit Pilzen und Sojabohnensprossen

(Foto Seite 121)

Für 4 Personen

25 g Tongu-Pilze · 500 g ausgelöstes Hühnerfleisch

2 EL Speisestärke · Salz · weißer Pfeffer aus der Mühle

1 Stück Ingwerwurzel (ca. 2 cm) · 3 Knoblauchzehen

1 Bund Frühlingszwiebeln · 175 g Sojabohnensprossen

5 EL Öl · 1 EL trockener Sherry

1½ EL Sojasauce

Die Pilze mit kochendem Wasser überbrühen und 40 Minuten quellen lassen. Das Hühnerfleisch in schmale Streifen schneiden, mit der Speisestärke bestäuben und einmassieren. Salzen und pfeffern. Ingwerwurzel und Knoblauch schälen und beides sehr fein hacken. Die Frühlingszwiebeln putzen, waschen und in zentimeterlange Stücke schneiden. Die Sojabohnensprossen in einem Sieb überbrühen und gut abtropfen lassen. Die Pilze vom Stengel befreien und in schmale Streifen schneiden.

Das Öl in einem Wok stark erhitzen. Erst das Hühnerfleisch portionsweise knusprig darin anbraten. Herausnehmen und warm stellen. Ingwer und Knoblauch im verbliebenen Fett kurz dünsten. Frühlingszwiebeln, Sojabohnensprossen und Pilze zufügen und unter Rühren bei starker Hitze braten. Das Fleisch wieder zufügen. Mit Sherry und Sojasauce ablöschen und einmal aufkochen. Salzen und pfeffern.

Mit Reis servieren.

Pfannengerührtes Huhn
mit Champignons und Walnüssen
(Foto Seite 139)

Für 4 Personen

2 doppelte Hühnerbrüstchen · 2 EL trockener Sherry

2 EL Sojasauce · 1 Knoblauchzehe

3 Stangen Sellerie · 200 g Champignons

1–2 Bund Basilikum · 3 EL Walnüsse, frisch gehackt

1 EL Öl

Die Hühnerbrüstchen häuten und entbeinen. Das Fleisch quer zur Faser in dünne Streifen schneiden. Das Hühnerfleisch mit dem Sherry und der Sojasauce übergießen und etwa 15 Minuten ziehen lassen. Die Knoblauchzehe schälen und fein hacken. Den Sellerie gründlich waschen und abtrocknen. Die harten Fasern abziehen und den Sellerie in etwa ½ cm dicke Stücke schneiden. Die Champignons putzen, wenn nötig, kurz unter fließendem kalten Wasser waschen und blättrig schneiden. Das Basilikum waschen, die Blättchen von den Stielen zupfen, trockentupfen und in dünne Streifen schneiden. Das Hühnerfleisch aus der Marinade heben, abtropfen lassen und trockentupfen.

Das Öl erhitzen und den Knoblauch darin bei mittlerer Hitze glasig braten. Die Fleischstreifen zugeben und unter ständigem Rühren etwa 2 Minuten braten. Das Fleisch herausnehmen und beiseite stellen. Das Gemüse ins Bratfett geben und unter Rühren etwa 2 Minuten braten. Dann die Sherry-Marinade zugießen und das Gemüse bei schwacher Hitze weitere 4 Minuten dünsten, bis es fast bißfest ist. Das Hühnerfleisch wieder zugeben und nur erwärmen, die Basilikumstreifen und die Nüsse untermischen und sofort servieren.

In den folgenden Rezepten wird eine kombinierte Garmethode angewendet: Die Zutaten werden zunächst pfannengerührt und danach kurze Zeit geschmort. Diese Methode eignet sich besonders für kleine Fleischstücke, die nicht ausgelöst, sondern am Knochen weich gegart werden.

Hühnchen
in schwarzer Bohnensauce

Für 4 bis 5 Personen
1 Poularde von 1–1½ kg · 1 TL Salz
frischgemahlener Pfeffer · 3 Scheiben frischer Ingwer
5–6 EL Speiseöl · 1½ EL fermentierte schwarze Sojabohnen
2 mittelgroße Zwiebeln · 1 grüne oder rote Paprikaschote
1½ EL Schmalz · 4 EL kräftige Brühe
2 EL Reiswein oder trockener Sherry

Die küchenfertig vorbereitete Poularde am Knochen in etwa 20 mundgerechte Stücke teilen. Mit Salz, Pfeffer und feingehacktem Ingwer einreiben. Danach mit 1 EL Öl vermischen. Die fermentierten Sojabohnen 15 Minuten in 4 EL lauwarmem Wasser einweichen, danach abtropfen lassen. Die Zwiebeln schälen, halbieren und in dünne Scheiben schneiden. Die gewaschene Paprikaschote halbieren, entkernen und in kleine Stücke von 2,5 × 4 cm schneiden.

Das restliche Öl im Wok erhitzen. Die gewürzten Hühnerstücke ins heiße Öl legen und 5 Minuten über starker Hitze unter ständigem Rühren braten. Anschließend mit einem Sieblöffel herausheben und bereithalten.

Das Öl aus dem Wok gießen und das Schmalz sowie die Zwiebelscheiben hineingeben. Über starker Hitze 1 Minute anbraten. Die eingeweichten Sojabohnen zufügen, im heißen Fett zerdrükken und mit der Zwiebel vermischen. Die Brühe sowie den Reiswein oder Sherry zugießen und die Paprikastückchen einstreuen. Alles unter ständigem Rühren zum Kochen bringen.

Die Hühnerstücke zurück in den Wok geben und mit den anderen Zutaten vermischen. Auf kleiner Flamme weitere 3 bis 4 Minuten schmoren, dabei noch einmal durchmischen.

In einer vorgewärmten tiefen Schüssel zu gekochtem oder gebratenem Reis servieren.

Chinesen lösen das weiche Fleisch im Mund vom Knochen, wozu Europäer allerdings einige Übung brauchen.

Huhn »Hung Shao«
oder »Coq au vin à la chinoise«

Für 4 bis 5 Personen

1 Poularde von etwa 1,5 kg · Salz

frischgemahlener Pfeffer · 3 Scheiben frischer Ingwer

5—6 EL Speiseöl · 125 ml Wasser

125 ml roter oder weißer Wein

5 EL dunkle oder helle Sojasauce · 2 TL Zucker

Die küchenfertige Poularde in etwa 20 mundgerechte Stücke hacken. Mit Salz und Pfeffer einreiben und mit dem feingehackten Ingwer sowie mit 1 EL Öl vermischen.

Das restliche Öl im Wok erhitzen. Die gewürzten Fleischstücke ins heiße Öl legen und über starker Hitze unter ständigem Rühren 5 bis 6 Minuten braten. Anschließend das überschüssige Öl abgießen. Das Wasser, den Wein, die Sojasauce sowie den Zucker einrühren und die Fleischstücke darin wenden. (Zu Weißwein nimmt man die helle und zu Rotwein die dunkle Sojasauce.) Wenn die Flüssigkeit zu kochen anfängt, das Fleisch nochmals 2 bis 3 Minuten in der Sauce wenden. Anschließend die Hitze reduzieren, den Deckel auflegen und das Fleisch über gelinder Hitze 25 Minuten schmoren.

In einer vorgewärmten tiefen Schüssel zu gekochtem oder gebratenem Reis servieren. Dieses Gericht kann vorbereitet und wieder aufgewärmt werden. Es hält sich 2 bis 3 Tage im Kühlschrank.

Hühnchen in Currysauce

Für 4 bis 5 Personen
1 Poularde von 1–1½ kg · 3 Scheiben frischer Ingwer
2 TL Salz · 5–6 EL Speiseöl · 2 mittelgroße Zwiebeln
3 Knoblauchzehen · 1½ EL Schmalz · 1½ EL Currypulver
5–6 EL Brühe · 1 EL Sojasauce

Die küchenfertig vorbereitete Poularde in etwa 20 mundgerechte Stücke teilen. Den geschälten Ingwer fein hacken. Die Fleischstücke salzen und mit dem Ingwer sowie 1 EL Öl vermischen. Die Zwiebeln schälen, halbieren und in dünne Scheiben schneiden. Die geschälten Knoblauchzehen fein hacken.

Das restliche Öl im Wok erhitzen. Die Poulardenstücke ins heiße Öl legen und über starker Hitze 5 bis 6 Minuten unter ständigem Rühren braten. Anschließend mit einem Schaumlöffel herausheben und warm halten. Das überschüssige Öl aus dem Wok gießen und das Schmalz hineingeben. Wenn es zerlaufen ist, die Zwiebeln, den Knoblauch sowie das Currypulver einstreuen und über starker Hitze 2 Minuten pfannenrühren.

Danach die Brühe und die Sojasauce zugießen, gut mit den anderen Zutaten vermischen und zum Kochen bringen. Sobald die Sauce kräftig zu kochen beginnt, die Hühnerfleischstücke hineinlegen, mit der Sauce vermischen und über reduzierter Hitze weitere 5 bis 6 Minuten schmoren.

In einer vorgewärmten tiefen Schüssel zu gekochtem oder gebratenem Reis servieren.

Hühnchen mit buntem Gemüse

(Foto Seite 175)

Für 4 Personen
6 getrocknete Shiitake-Pilze
2 Hühnerbrüstchen ohne Haut und Knochen
4–5 Blätter Chinakohl (oder zarter Wirsing)
50 g Bambussprossen · 1 Stange Staudensellerie
250 g Zuckerschoten · 1 Stück frische Ingwerwurzel
1 Knoblauchzehe · 6 Kirschtomaten
2 EL Sake (oder trockener Sherry) · 2 TL Speisestärke
200 ml Hühnerbrühe · 2 EL Erdnußöl
3 EL Sojasauce · Pfeffer · 1 Prise Zucker
Für die Marinade:
3 EL Sojasauce · 2 EL trockener Sherry

Die Pilze in kaltem Wasser einweichen. Die Hühnerbrüstchen in 1 cm große Würfel schneiden und in eine Marinade aus 3 EL Sojasauce und 2 EL trockenem Sherry geben. Etwa 2 Stunden ziehen lassen. Den Chinakohl in kleine viereckige Stücke schneiden, dabei die Rippen entfernen. Die Zuckerschoten waschen und putzen, große halbieren, kleine ganz lassen. Den Staudensellerie und die Bambussprossen in kleine Stücke schneiden. Die Kirschtomaten halbieren. Die Ingwerwurzel reiben und den Knoblauch fein hacken. Die Speisestärke mit 1 EL Sake gut verrühren.

1 EL Öl in den Wok geben und erhitzen. Die Ingwerwurzel und den Knoblauch hinzufügen und umrühren. Den Chinakohl, die abgetropften Pilze und den Staudensellerie dazugeben. 1 bis 2 Minuten unter ständigem Rühren dünsten. 4 bis 5 EL Hühnerbrühe zugießen und weiterdünsten. Die Gemüse sollen knackig bleiben. Anschließend aus dem Wok nehmen.

Das restliche Öl erhitzen, die Hühnerbrüstchenstücke hineingeben. Ca. 1 Minute dünsten, dann mit dem restlichen Sherry beträufeln. Das Gemüse, die Zuckerschoten und die Kirschtomaten kurz miterhitzen. Die angerührte Speisestärke hinzugeben, durchrühren, bis die Flüssigkeit bindet. Nach und nach etwas Hühnerbrühe zugeben, bis die Sauce flüssiger und klar wird. Mit der Sojasauce, dem Pfeffer und einer Prise Zucker abschmecken.

Zitronen-Hühnchen

Für 2 bis 3 Personen
½ mittelgroße Poularde · 1 TL Salz
Speisestärke zum Bestäuben · 2 Scheiben frischer Ingwer
1 Eiweiß · 3–4 getrocknete Tongu-Pilze
1 rote Paprikaschote · abgeriebene Schale von 2 Zitronen
3 Lauchzwiebeln · Saft von 1 großen Zitrone
5–6 EL Speiseöl · 1½ EL Schmalz · 3 EL Hühnerbrühe
1 EL trockener Sherry · 1 EL Sojasauce · 2 TL Zucker

Die küchenfertige Poularde ausbeinen und das Fleisch in 4 cm lange Streifen schneiden. Mit Salz und dem feingehackten Ingwer bestreuen, mit etwas Speisestärke bestäuben und mit dem leicht verquirlten Eiweiß befeuchten. Die getrockneten Pilze 30 Minuten in heißem Wasser einweichen. Danach die zähen Stiele entfernen und die ausgedrückten Kappen in streichholzdünne Streifen schneiden. Die gewaschene Paprikaschote halbieren, entkernen und in feine Streifen schneiden. Die Zitronenschale (ohne die bittere weiße Innenhaut) ebenfalls in dünne Streifen und die geputzten Lauchzwiebeln in 6 cm große Abschnitte schneiden.

Das Öl im Wok erhitzen. Die gewürfelten Fleischstreifen ins heiße Öl legen und auf großer Flamme 3 Minuten pfannenrühren. Anschließend mit einem Sieblöffel herausheben und warm halten. Das überschüssige Öl aus dem Wok gießen und das Schmalz hineingeben. Wenn es zerlaufen ist, die Pilze, den Paprika und die Lauchzwiebeln einstreuen und im heißen Fett über starker Hitze unter ständigem Wenden 1 Minute braten.

Danach die Brühe, den Sherry, die Sojasauce und den Zucker einrühren und zum Kochen bringen. Die gebratenen Fleischstreifen unterheben und etwa 1 Minute in der kochenden Sauce wenden. Anschließend mit der abgeriebenen Zitronenschale bestreuen und mit dem Zitronensaft beträufeln. Unter ständigem Wenden 1 weitere Minute schmoren, damit sich die Aromen verbinden.

In einer vorgewärmten, tiefen Schüssel zu gekochtem oder gebratenem Reis servieren.

Gemüsegerichte

Bei einem chinesischen Essen wird gewöhnlich auch ein reines Gemüsegericht serviert, obwohl die meisten der gereichten Gerichte bereits Kombinationen von Fleisch und Gemüse sind. Ein vegetarisches Gericht muß jedoch auf den Tisch, wenn einige der servierten Gerichte reine Fleischgerichte sind.

Chinesische Gemüsegerichte werden entweder rasch pfannengerührt oder kurz geschmort — zwei Garmethoden, für die der
Wok sich vorzüglich eignet.

Schnellgebratener Spinat

Für 2 bis 3 Personen (mit 1 bis 2 weiteren Gerichten
ausreichend für 4 Personen)

400 g geputzter Spinat · 2 Knoblauchzehen

2 Scheiben frischer Ingwer · 3 EL Speiseöl · 1½ EL Sojasauce

1½ EL Hühnerbrühe · 1½ EL Schmalz oder Butter

Den Spinat gründlich waschen und abtropfen lassen. Dickere Stiele entfernen. Kleinere Blätter im ganzen lassen, große in Stücke
von 7,5×10 cm reißen oder schneiden. Den Knoblauch und den
Ingwer schälen und fein zerschneiden.
Das Öl im Wok erhitzen. Den Knoblauch und den Ingwer ins
heiße Öl rühren. Den Spinat zufügen und im aromatisierten Öl
über starker Hitze 1½ Minuten wenden. Anschließend die Hitze
reduzieren und die Sojasauce sowie die Brühe über den Spinat
träufeln. Weiterrühren, bis zwei Drittel der Flüssigkeit verkocht
sind. Danach das Schmalz zufügen. Den Spinat im heißen Fett
wenden, bis er appetitlich glänzt.
Den Spinat als Gemüsegericht zusammen mit anderen Gerichten
zu gekochtem oder gebratenem Reis servieren.

Schnell gebratener Kohl

Für 2 bis 3 Personen (mit 1 bis 2 weiteren Gerichten
ausreichend für 4 Personen)

400 g zarte Kohlblätter · 2 Knoblauchzehen

2 Scheiben frischer Ingwer · 3 EL Speiseöl · 1½ EL Sojasauce

3 EL Hühnerbrühe · 1½ EL Schmalz oder Butter

Zarte Kohlblätter (auch Spitzkohl, Wirsing, Chinakohl oder
Mangold) können auf dieselbe Art wie Spinat zubereitet werden.
Da die Blätter jedoch dicker als Spinatblätter sind, muß man sie
etwa 1½ Minuten länger garen und 3 EL statt 1½ EL Brühe zufü-
gen, bevor man sie schließlich im heißen Schmalz oder heißer
Butter wendet.

Schnell gebratener Lauch

Für 2 bis 3 Personen (mit 1 bis 2 weiteren Gerichten
ausreichend für 4 Personen)

400 g Lauch (nur weiße und zartgrüne Abschnitte)

100 g mageres Rind- oder Schweinefleisch

1 TL Salz · Speisestärke zum Bestäuben · 1 Eiweiß

2 Knoblauchzehn · 2 Scheiben frischer Ingwer

3 EL Speiseöl · 1 EL Sojasauce · 3 EL Brühe · 1 EL Schmalz

Die Lauchstangen längs halbieren, gründlich waschen, abtropfen
lassen und quer in etwa 3 cm breite Streifen schneiden. Das Fleisch

in sehr dünne Scheibchen schneiden, leicht salzen, mit etwas Speisestärke bestäuben und mit leicht verquirltem Eiweiß befeuchten. Die geschälten Knoblauchzehen fein zerschneiden, den Ingwer schälen und fein hacken.

Das Öl im Wok erhitzen. Den Knoblauch, den Ingwer und die Fleischscheibchen ins heiße Öl streuen und $1\frac{1}{2}$ Minuten unter ständigem Rühren über starker Hitze braten. Anschließend die Lauchstreifen unterheben und $1\frac{1}{2}$ Minuten pfannenrühren. Danach die Sojasauce und die Brühe angießen und nochmals $1\frac{1}{2}$ Minuten weiterrühren. Wenn etwa die Hälfte der Flüssigkeit verkocht ist, fügt man das Schmalz hinzu und glasiert die Lauchstreifen weitere 30 Sekunden im heißen Fett.

Auf die gleiche Art bereitet man ein Gemüse aus Lauchzwiebeln zu.

Es ist in China üblich, Lauch und Lauchzwiebeln mit einer kleinen Menge feingeschnittenem oder gehacktem Fleisch anzureichern.

Oft fügt man einem grünen Blattgemüse wie etwa Spinat, Kohl oder Lauch ein weiteres Gemüse wie frische oder getrocknete Pilze, Auberginen oder Zucchini zu.

Das zusätzliche Gemüse wird dann genauso wie das Fleisch im vorigen Rezept behandelt, nämlich fein geschnitten und mit Knoblauch und Ingwer in heißem Öl (von dem man ½ bis 1 EL mehr benötigt) gebraten, bevor man das Blattgemüse zugibt.

Schnell gebratener und gedünsteter Staudensellerie

Für 3 bis 4 Personen
4–6 Stangen Staudensellerie (etwa 400 g)
2 Scheiben frischer Ingwer · 2½ EL Speiseöl
1½ EL Sojasauce · 1 EL Hoisin-Sauce · 4 EL Hühnerbrühe
½ Hühnerbouillonwürfel · 1 EL Schmalz oder Butter

Die gewaschenen Selleriestangen putzen und diagonal in 5 cm lange Abschnitte schneiden. Den geschälten Ingwer in feine Streifen schneiden.

Das Öl im Wok erhitzen. Den feingeschnittenen Ingwer ½ Minute im heißen Öl wenden. Den Sellerie zufügen und über starker Hitze 1½ Minuten unter ständigem Rühren braten. Danach die Sojasauce, die Hoisin-Sauce sowie die Hühnerbrühe einrühren, den zerdrückten Bouillonwürfel einstreuen und alles noch 2 Minuten pfannenrühren. Die Hitze reduzieren, den Wokdeckel auflegen und das Gemüse 4 Minuten dünsten. Zuletzt das Schmalz oder die Butter zufügen und den Sellerie im heißen Fett gut durchschwenken.

In einer vorgewärmten Schüssel zu gekochtem oder gebratenem Reis servieren.

Schnell gebratener
und gedünsteter Brokkoli

Für 3 bis 4 Personen
400 g Brokkoli · 2 Scheiben frischer Ingwer
2½ EL Speiseöl · 1½ EL Sojasauce · 1 EL Hoisin-Sauce
4 EL Hühnerbrühe · ½ Hühnerbouillonwürfel
1 EL Schmalz oder Butter

Den gewaschenen Brokkoli in einzelne Röschen brechen und genauso wie den Staudensellerie zubereiten.

Schnell gebratener
und gedünsteter Blumenkohl

Für 3 bis 4 Personen
400 g Blumenkohl · 2 Scheiben frischer Ingwer
2½ EL Speiseöl · 1½ EL Sojasauce · 1 EL Hoisin-Sauce
4 EL Hühnerbouillon · ½ Hühnerbouillonwürfel · 1 EL Butter
1–2 EL feingewürfelter Schinken

Den Blumenkohl in Röschen zerteilen und genauso wie den Staudensellerie zubereiten. Zuletzt, wie man es in China traditionsgemäß tut, feingewürfelten Schinken darüberstreuen.

Schnell gebratene
und gedünstete Prinzeßbohnen

Für 3 bis 4 Personen
400 g feine Prinzeßbohnen (Haricots verts)
2 EL Speiseöl · 4–5 EL Hühnerbrühe
FÜR DIE SAUCE:
2 Scheiben frischer Ingwer · 1 EL Schmalz
3–4 EL Schweinehackfleisch · 1 EL Sojasauce
1½ TL Sojabohnenpaste · 1 EL Hoisin-Sauce
1 EL Sherry · 1 TL Zucker

Die gewaschenen Bohnen putzen und den geschälten Ingwer fein hacken.

Das Öl im Wok erhitzen. Die Bohnen ins heiße Öl legen und unter ständigem Rühren über mittlerer Hitze 2 Minuten braten. Die Hühnerbrühe angießen und noch 1 Minute pfannenrühren. Danach die Hitze reduzieren und die Bohnen 4 bis 5 Minuten sacht garen, bis die Flüssigkeit fast eingekocht ist. Die Bohnen mit einem Sieblöffel herausheben und warm halten.

Inzwischen das Schmalz in den Wok geben und zerlaufen lassen. Das gehackte Schweinefleisch sowie den feingeschnittenen Ingwer ins heiße Fett streuen und über starker Hitze 1½ Minuten unter ständigem Rühren braten. Anschließend die Sojasauce, die Bohnenpaste, die Hoisin-Sauce, den Zucker und den Sherry zufügen und mit dem gebratenen Fleisch verrühren. Wenn die Sauce aufkocht, die Bohnen unterheben und schnell mit der Sauce vermischen.

In eine vorgewärmte Schüssel füllen und zu gekochtem oder gebratenem Reis servieren.

»Rotgeschmorter« Chinakohl

Für 4 bis 5 Personen

1 großer China- oder Wirsingkohl von 1—1½ kg

2 EL Speiseöl · 1½ EL Schmalz · 2½ EL dunkle Sojasauce

4—5 EL Hühner- oder Rinderbrühe · 2 TL Zucker

½ Hühnerbouillonwürfel

Den Kohl putzen, waschen und in 5 cm lange Streifen schneiden. Das Öl zusammen mit dem Schmalz im Wok erhitzen. Die Kohlstreifen hineingeben und über starker Hitze etwa 3 Minuten vorsichtig wenden, bis sie gleichmäßig mit Fett überzogen sind. Anschließend die Sojasauce darüberträufeln, die Brühe angießen und den Zucker sowie den zerdrückten Bouillonwürfel einrühren. Alles gut miteinander vermischen und über gelinder Hitze 10 Minuten dünsten.

Den Kohl in einer vorgewärmten Schüssel anrichten. Er schmeckt vorzüglich zu gekochtem und zu gebratenem Reis. Aber auch zu Nudeln kann man dieses Kohlgericht servieren.

Anmerkung

»Rotschmoren« heißt, Gemüse oder Fleisch in Sojasauce garen. Diese verleiht dem Gericht eine rotbraune Farbe.

»Weißgeschmorter« Chinakohl

Für 4 bis 5 Personen

1 großer China- oder Wirsingkohl von 1–1½ kg

2 Scheiben frischer Ingwer · 2 EL Speiseöl · 1½ EL Schmalz

1½ EL getrocknete Garnelen

250 ml Hühner- oder Rinderbrühe · 1 Hühnerbouillonwürfel

1 TL Salz · frischgemahlener Pfeffer · 1½ TL Sesamöl

Die Kohlblätter vom Strunk ablösen, waschen, abtropfen lassen und quer in 5 cm breite Streifen schneiden. Den geschälten Ingwer fein hacken.

Das Öl zusammen mit dem Schmalz im Wok erhitzen. Den Ingwer und die Garnelen ins heiße Fett rühren, um es zu aromatisieren. Die Kohlstreifen zufügen und über starker Hitze 2 Minuten pfannenrühren. Anschließend die Brühe zugießen und den zerdrückten Bouillonwürfel einrühren. Mit Salz und frischgemahlenem Pfeffer abschmecken.

Nach dem Aufkochen die Hitze reduzieren und den Wokdeckel auflegen. Auf kleiner Flamme 10 Minuten schmoren. Anschließend die Kohlstreifen noch ein- oder zweimal wenden und zuletzt mit dem Sesamöl beträufeln.

In einer vorgewärmten tiefen Schüssel anrichten und zu Reis oder Nudeln servieren.

Bunte Gemüsepfanne

(Foto Seite 53)

Für 4 Personen

---

800 g gemischtes Gemüse der Saison (etwa Karotten,
Blumenkohl, Zucchini, gelber und roter Paprika, zarte Kohl-
blätter, Spinat, Lauch, Frühlingszwiebeln)

---

4 EL Speiseöl · 1½ EL Sojasauce · Salz

---

frischgemahlener schwarzer Pfeffer

Das geputzte und gewaschene Gemüse in gleich große Streifen
schneiden. Falls man Blumenkohl mitverwendet, diesen in gleichmäßige kleine Röschen zerteilen und kurz in kochendem Salzwasser blanchieren.

Das Öl im Wok erhitzen. Die Gemüsestreifen nacheinander ins
heiße Öl geben und jeweils 1–2 Minuten pfannenrühren: die här-
testen Gemüse zuerst, die zarteren, wie etwa Spinat, zuletzt.
Eventuell etwas Brühe angießen und das Gemüse al dente garen.
Zum Schluß mit der Sojasauce beträufeln sowie mit Salz und
frischgemahlenem schwarzen Pfeffer würzen.

Fisch–Reis–Pfanne (Rezept Seite 92)

Tongu-Gemüse-Pfanne

(Foto Seite 157)

Für 4 Personen

---

60 g Weizenkörner · ¼ l Hühnerbrühe

---

400 g frische Tongu-Pilze · 200 g Karotten · 1 Kohlrabi

---

200 g möglichst kleine Zucchini · 1 kleine Zwiebel

2—3 EL Öl · 1 Knoblauchzehe · 1½ EL Sojasauce · Salz

---

frischgemahlener schwarzer Pfeffer

---

etwas Kresse oder feingeschnittene Petersilie

Die Weizenkörner einige Stunden in kaltem Wasser einweichen. Anschließend in einem Sieb abtropfen lassen und in der Brühe 15 Minuten kochen, eventuell noch etwas Wasser oder Brühe nachgießen. Zugedeckt über milder Hitze 40 Minuten ausquellen lassen. Die Tongu-Pilze mit Küchenpapier abreiben. Die Stiele abdrehen und entfernen, die Kappen eventuell in Streifen schneiden. Die Karotten putzen, den Kohlrabi schälen und beides klein würfeln. Die Zucchini waschen, vom Stengelansatz befreien, längs vierteln und in Stücke schneiden. Das Öl im Wok erhitzen und die feingewürfelte Zwiebel mit dem gehackten Knoblauch andünsten. Danach die Pilze zufügen und bei verstärkter Hitze unte ständigem Rühren anbraten. Das gewürfelte Gemüse unter die Pilze mischen und zugedeckt auf kleiner Flamme etwa 5 Minuten dünsten. Anschließend die Weizenkörner unter das Gemüse heben und weitere 7 Minuten dünsten. Mit Sojasauce, Salz und Pfeffer abschmecken.

Mit Kresse oder Petersilie bestreuen und zu Reis servieren.

Die folgenden Rezepte verdeutlichen, wie man Gemüsegerichte mit wenig Fleisch würzen und verfeinern kann — oder wie man aus einer kleinen Menge Fleisch und viel Gemüse ein vorzügliches Gericht bereitet.

Zucchinigemüse mit gehacktem Schweinefleisch

Für 3 bis 4 Personen
400 g Zucchini oder Gemüsekürbis · ½ TL Salz
frischgemahlener Pfeffer · ½ Hühnerbouillonwürfel
250 ml kräftige Brühe · 2 Knoblauchzehen
2½ EL Speiseöl · 1½ EL Schmalz · 100 g Schweinehackfleisch
1¼ EL Sojasauce · ½ EL Hoisin-Sauce (nach Belieben)
½ TL Zucker · 1¼ EL trockener Sherry

Die Zucchini schälen, in Stücke von 7,5 × 4 cm schneiden und mit Salz und Pfeffer bestreuen. Den halben Bouillonwürfel in der heißen Brühe auflösen. Den geschälten Knoblauch fein zerschneiden.

Das Öl im Wok erhitzen. Die gewürzten Zucchiniwürfel einstreuen und im heißen Öl über Mittelhitze 1½ bis 2 Minuten wenden. Danach mit der Brühe übergießen und bis zum Aufkochen rühren. Die Hitze reduzieren und 4 bis 5 Minuten sacht kochen lassen. Anschließend das Gemüse samt der Garflüssigkeit in eine Schüssel schütten und warm halten.

Inzwischen das Schmalz im Wok erhitzen. Das Hackfleisch sowie den Knoblauch einrühren und über starker Hitze 1 Minute braten. Jetzt die Sojasauce (nach Belieben auch die Hoisin-Sauce) sowie den Zucker und den Sherry zufügen und 2 bis 3 Minuten pfannenrühren.

Die Zucchini samt der Garflüssigkeit zurück in den Wok schütten und über jedes Stück etwas gebratenes Mett geben. Zum Kochen bringen und über gelinder Hitze 4 bis 5 Minuten dünsten.

In einer vorgewärmten tiefen Schüssel anrichten. Dieses preiswerte Gericht schmeckt ausgezeichnet zu Reis, auch zu Nudeln.

Schnellgebratene Auberginen und Zucchini mit Rinderhackfleisch

Für 3 bis 5 Personen
200–300 g Auberginen · 200–300 g Zucchini
Salz · frischgemahlener Pfeffer
2½ EL Öl · 2 Scheiben frischer Ingwer · ½ Hühnerbouillonwürfel
250 ml kräftige Brühe · 1½ EL Schmalz
100 g Rinderhackfleisch · 1¼ EL Sojasauce
½ EL Hoisin-Sauce (nach Belieben)
1 EL trockener Sherry · ¼ TL Zucker

Die gewaschenen Auberginen und Zucchini in etwa 12 mm dicke Scheiben schneiden. Mit Salz und Pfeffer bestreuen und mit ½ EL Öl vermischen. Den Ingwer schälen und fein hacken. Den halben Bouillonwürfel in der heißen Brühe auflösen.

Das restliche Öl im Wok erhitzen. Die Auberginen- und Zucchinischeiben ins heiße Öl streuen und über großer Hitze 1½ Minuten pfannenrühren. Die Brühe zugießen, das Gemüse darin wenden und zum Kochen bringen. Über reduzierter Hitze 5 bis 6 Minuten garen, danach in eine Schüssel schütten und warm halten.

Inzwischen das Schmalz im Wok erhitzen. Das Rinderhackfleisch sowie den Ingwer einrühren. Über starker Hitze unter ständigem Rühren 2 Minuten anbraten. Anschließend die Sojasauce — nach Belieben auch die Hoisin-Sauce — sowie den Sherry und den Zucker zugeben und weitere 2 Minuten rühren.

Die Auberginen- und Zucchinischeiben samt der Garflüssigkeit wieder in den Wok schütten und vorsichtig mit dem gebratenen Hackfleisch vermischen. Über gelinder Hitze nochmals 4 bis 5 Minuten garen.

In eine vorgewärmte tiefe Schüssel geben und zu Reis oder Nudeln servieren.

Tofuwürfel mit Tongu-Pilzen und Hackfleisch

Für 3 bis 4 Personen

2—3 Blöcke Tofu · 6—8 getrocknete Tongu-Pilze

2 Lauchzwiebeln · ¹/₂ Hühnerbouillonwürfel

125 ml kräftige Brühe · 2¹/₂ EL Speiseöl · 1¹/₂ EL Schmalz

100 g Rinder- oder Schweinehackfleisch

1¹/₂ EL Sojasauce · ¹/₂ EL Sojabohnenpaste oder Hoisin-Sauce

1 TL Zucker · ¹/₂ TL Chilisauce · 1 EL trockener Sherry

Den Tofu würfeln. Die getrockneten Tongu-Pilze 30 Minuten in heißem Wasser einweihen. Danach die harten Stiele entfernen, die Kappen ausdrücken und vierteln. Die geputzten Lauchzwiebeln in 2 cm lange Abschnitte schneiden. Den halben Bouillonwürfel in der heißen Brühe auflösen.

Das Öl im Wok erhitzen. Die Tofuwürfel einstreuen und 1½ Minuten im heißen Öl wenden. Die Brühe angießen. Darin die Tofuwürfel 1 Minute wenden und 3 bis 4 Minuten über gelinder Hitze garen. Anschließend in eine Schüssel schütten und warm halten.

Inzwischen das Schmalz im Wok zerlaufen lassen. Das Hackfleisch und die geviertelten Pilze ins heiße Fett geben und über starker Hitze 3 Minuten pfannenrühren. Danach die Sojasauce, die Sojabohnenpaste, den Zucker, die Chilisauce, den Sherry und die Lauchzwiebeln zufügen und unter ständigem Rühren 2 Minuten auf großer Flamme braten. Jetzt die Tofuwürfel samt der Garflüssigkeit wieder in den Wok geben und vorsichtig mit dem Hackfleisch und den Pilzen vermischen. Über gelinder Hitze noch weitere 4 bis 5 Minuten schmoren lassen.

In einer vorgewärmten tiefen Schüssel zu gekochtem oder gebratenem Reis servieren.

Tofuwürfel in scharfer Sauce

Für 3 bis 4 Personen
2 Blöcke Tofu · 4 große getrocknete Tongu-Pilze
3 Knoblauchzehen · 2 getrocknete Chilischoten
2 Lauchzwiebeln · ½ Hühnerbouillonwürfel
250 ml kräftige Brühe · 2 EL Schmalz · 200 g Schweinehackfleisch
1½ EL Sojasauce · 1½ TL Zucker
1 EL Sojabohnenpaste oder Hoisin-Sauce
4—5 EL grüne Erbsen (frisch oder tiefgefroren)
3 TL Speisestärke (angerührt mit 3 EL kaltem Wasser)
2 EL trockener Sherry

Den Tofu in zuckerwürfelgroße Stücke schneiden. Die Pilze in heißem Wasser 30 Minuten einweichen, danach die Stiele abdrehen und die Kappen grob zerschneiden. Den geschälten Knoblauch fein hacken. Die Chilischoten längs halbieren, die Kerne herauskratzen und die Hälften quer in feine Streifen schneiden. Die geputzten Frühlingszwiebeln ebenfalls streifig schneiden. Den halben Bouillonwürfel in der heißen Brühe auflösen.

Die Tofuwürfel und die Brühe in einem kleinen Topf zum Kochen bringen und über gelinder Hitze 3 bis 4 Minuten kochen lassen.

Das Schmalz im Wok erhitzen und das Hackfleisch, die Pilze, den Knoblauch und die Chilistreifen zufügen. Über starker Hitze 3 bis 4 Minuten pfannenrühren. Danach die Sojasauce, den Zucker, die Bohnenpaste und die Lauchzwiebeln zufügen und noch 2 Minuten weiter rühren.

Anschließend die Tofuwürfel samt der Brühe in den Wok geben und mit dem Fleisch und den Pilzen gut vermischen. Die grünen Erbsen einrühren und alles 4 bis 5 Minuten über gelinder Hitze schmoren. Zuletzt die Sauce mit der angerührten Speisestärke binden und den Sherry darüberträufeln.

In einer vorgewärmten Schüssel zu gekochtem oder gebratenem Reis servieren. Dies ist ein typisches Gericht aus Szechuan und etwas für Liebhaber scharfer Speisen.

Suppen

Chinesische Suppen sind häufig, aber nicht ausnahmslos, eine gut abgestimmte Mischung von verschiedenerlei Fleisch und Gemüse in einer klaren Brühe. Diese Brühe braucht zwar eine längere Kochzeit, auch wird sie meist vorher und auf Vorrat hergestellt, doch die Fertigstellung der Suppe, das Mischen der Zutaten im Wok, geschieht im Handumdrehen.

Bei einem chinesischen Essen spielt die Suppe eine wichtige Rolle. Sie hat aber dabei eine ganz andere Funktion als im Westen. Da man in China kein Wasser zu den Mahlzeiten trinkt und Wein sehr selten und gewöhnlich nur bei Banketten serviert wird, spült man das Essen gern mit einem Schluck Suppe hinunter.

Chinesische Suppen sind deshalb selten dick und sättigend, sondern in den meisten Fällen klare Consommés, denen man — als Kontrast in Farbe und Substanz — zuletzt hauchfeine Scheiben Fleisch und knackiges Gemüse zufügt. Diese verleihen der würzigen Brühe eine zusätzliche Qualität der Frische. Dabei zeigt sich das Geschick der chinesischen Köche, die unterschiedlichsten Aromen fein aufeinander abzustimmen und wie einen Cocktail kunstvoll zu mischen.

Grundbrühe für Suppen

Bei den folgenden Rezepten wird vorausgesetzt, daß eine Grundbrühe für die Bereitung der Suppen schon in der Küche vorhanden ist. In China ist es meistens eine neutrale Geflügelbrühe.

Sie wird hergestellt, indem man eine zerkleinerte, rohe Hühner-
oder Entenkarkasse sowie 1 bis 2 Fleischknochen in 1½ bis 2 l
Wasser aufsetzt, zum Kochen bringt und etwa 2 Stunden auf kleiner Flamme kochen läßt. Dabei schöpft man den aufsteigenden
Schaum ständig ab. Durch Zufügen von 2 bis 3 Scheiben Ingwerwurzel verleiht man der Brühe einen frischen Geschmack. Salz
und Pfeffer, auch ein Hühnerbouillonwürfel zur Abrundung,
werden entweder erst unmittelbar vor dem Durchseihen oder
erst bei der Weiterverwendung der Brühe zugegeben.

Suppe der Götter

Dies ist die einfachste aller Suppen. Man bringt sie in China auf
den Tisch, wenn Gäste unerwartet zum Essen kommen.

Für 4 bis 5 Personen
1 Ei · 2 Lauchzwiebeln · ¾–1 l Grundbrühe
Salz · frischgemahlener Pfeffer · ½–1 TL Sesamöl

Das Ei in einer Tasse oder einem Schälchen mit einer Gabel 10 bis
12 Sekunden lang verquirlen. Die geputzten Lauchzwiebeln in
Streifen schneiden.
Die Brühe im Wok zum Kochen bringen. Danach die Hitze re-
duzieren und die Brühe mit Salz und Pfeffer abschmecken. Das
verquirlte Ei langsam und vorsichtig über den Gabelrücken in die
Brühe laufen lassen. Die Suppe in eine Terrine füllen, die Lauch-
zwiebelstreifen einstreuen und das Sesamöl darüberträufeln.
Entweder in der Terrine auf den Tisch bringen, damit sich die
Gäste selbst bedienen können, oder in Suppenschalen auftragen.

Spinatsuppe mit Tofuwürfeln

Eine einfache Suppe, die in China gern auf den häuslichen Tisch gebracht wird.

Für 4 bis 6 Personen
200 g Spinat · 1 Tofublock · 2 EL Speiseöl
¾–1 l Grundbrühe · 1 Hühnerbouillonwürfel · Salz
frischgemahlener Pfeffer · 1 EL Sesamöl

Die gewaschenen und abgetropften Spinatblätter entstielen und in Stücke von 7,5 × 10 cm reißen. Den Tofublock in etwa 20 kleine Würfel schneiden.

Das Öl im Wok erhitzen. Den Spinat zufügen und über mittlerer Hitze 2 Minuten im heißen Öl wenden. Anschließend die Brühe zugießen und den zerdrückten Bouillonwürfel sowie den Tofu einstreuen. Zum Kochen bringen und über gelinder Hitze 4 bis 5 Minuten ziehen lassen. Danach mit Salz, Pfeffer und Sesamöl abschmecken.

Die Suppe wird entweder in einer Terrine oder in Portionsschälchen auf den Tisch gebracht.

Grüne Jade-Suppe

Für 4 bis 6 Personen
100 g pürierter Spinat (frisch oder tiefgefroren)
50–75 g Hühnerbrustfilet · 1 EL Hühnerschmalz
¾–1 l Grundbrühe · 1 Hühnerbouillonwürfel
1 EL Sojasauce · Salz · frischgemahlener Pfeffer
1½ EL Speisestärke (angerührt mit 4 EL Wasser)

Den tiefgefrorenen Spinat auftauen lassen und das Hühnerfleisch sehr fein hacken.

Das Schmalz im Wok erhitzen und den Spinat sowie das Hühnerfleisch einrühren. Über mittlerer Hitze 2½ Minuten pfannenrühren. Anschließend die Brühe, den Bouillonwürfel und die Sojasauce zufügen. Zum Kochen bringen und über gelinder Hitze 3 bis 4 Minuten sieden lassen. Mit Salz und Pfeffer abschmekken. Die angerührte Speisestärke zugeben und so lange rühren, bis die Suppe gebunden ist.

Auf die gleiche Art wie die vorige Suppe servieren.

Hühnersuppe mit Pilzen

Eine in China sehr beliebte Suppe, die ganz einfach zuzubereiten ist. Durch die Verwendung von getrockneten Tongu-Pilzen wird das Pilzaroma noch verstärkt. Zur Abwechslung kann man statt Hühnerfilet auch einmal Schweinefilet nehmen.

Für 4 bis 6 Personen
100 g Hühnerfilet · ½ TL Salz · ½ EL Speisestärke
½ Eiweiß · 100 g kleine feste Champignons
4–6 mittelgroße getrocknete Tongu-Pilze · 1½ EL Schmalz
¾–1 l Grundbrühe · 1 EL Sojasauce
1 Hühnerbouillonwürfel · Salz · frischgemahlener Pfeffer

Das Fleisch in dünne Scheiben von 2,5×1,5 cm schneiden. Mit Salz bestreuen, in Speisestärke wenden und mit dem leicht verquirlten Eiweiß anfeuchten. Die Champignons putzen und in dünne Scheiben schneiden. Die getrockneten Pilze 25–30 Minuten in heißem Wasser einweichen, die zähen Stiele entfernen und die ausgedrückten Kappen vierteln.

Das Öl im Wok erhitzen. Die Fleischscheiben und die geviertelten Tongu-Pilze einstreuen und 1½ Minuten vorsichtig im heißen Öl wenden. Anschließend die Brühe zugießen und die Champignonscheiben zufügen. Zum Kochen bringen und über reduzierter Hitze 5 bis 6 Minuten ziehen lassen. Danach die Sojasauce und den zerdrückten Bouillonwürfel einrühren. Die Suppe mit Salz und Pfeffer abschmecken und wie im vorigen Rezept servieren.

Zuckermaissuppe mit Krebsfleisch

Eine beliebte Suppe in westlichen Chinarestaurants.

Für 4 bis 6 Personen
75–100 g Hühnerfilet
75–100 g Krebsfleisch (tiefgefroren oder Konserve)
2 Lauchzwiebeln · 1½ EL Schmalz · 375 ml kräftige Brühe
200 g Zuckermais · 1 Hühnerbouillonwürfel
Salz · frischgemahlener Pfeffer
1½ EL Speisestärke (angerührt mit 5 EL Wasser)

Das Hühnerfilet in feine Streifen schneiden und das Krebsfleisch zerpflücken. Die Lauchzwiebeln putzen und ebenfalls in feine Streifen schneiden.

Das Schmalz im Wok erhitzen. Die Fleisch- und Zwiebelstreifen ins heiße Fett geben und 1 Minute pfannenrühren. Das Krebsfleisch einstreuen und noch 1 Minute weiterrühren. Jetzt die Brühe zugießen und den Zuckermais einstreuen. Zum Kochen bringen, die Hitze reduzieren und 7 bis 8 Minuten sacht kochen lassen, dabei gelegentlich umrühren. Den Bouillonwürfel zufügen und die Suppe mit Salz und Pfeffer abschmecken. Zuletzt wird die Suppe mit der angerührten Speisestärke gebunden.

Wie in den vorigen Rezepten kann auch diese Suppe entweder in einer Terrine oder in Portionsschälchen serviert werden.

Scharf-saure Suppe

Diese Suppe ist in Nordchina sehr beliebt. Sie kann aus den verschiedensten Zutaten zubereitet werden. Ihren charakteristischen Geschmack erhält sie durch eine pfefferige Essigsauce.

Für 4 bis 6 Personen
4—6 mittelgroße Tongu-Pilze · 2—3 EL Wolkenpilze (Mu-Err)
25—50 g Schinken · 1—2 Blöcke Tofu · 1½ EL Schmalz
75—100 g nicht zu mageres Schweinefleisch
2—3 EL Garnelen · ¼ l Brühe · 1 Hühnerbouillonwürfel
2—3 TL getrocknete Garnelen
FÜR DIE SAUCE:
2 EL Speisestärke (angerührt mit 6 EL Wasser)
1½ EL Sojasauce · 4—6 EL Essig
¼—½ TL gemahlener schwarzer Pfeffer

Die Tongu-Pilze 30 Minuten in heißem Wasser einweichen. Anschließend die zähen Stiele entfernen, die Kappen ausdrücken und in 6 bis 8 Stücke schneiden. Das Einweichwasser durch ein feines Sieb gießen und bereithalten. Die Mu-Err-Pilze ebenfalls etwa 30 Minuten einweichen, abspülen und abtropfen lassen. Den

Schinken und den Tofu würfeln, das Schweinefleisch in dünne Scheibchen schneiden. Die Zutaten für die Sauce miteinander verrühren.

Das Schmalz im Wok erhitzen. Das Schweinefleisch einlegen und unter ständigem Wenden 2 Minuten braten. Anschließend die Tongu-Pilze und die getrockneten Garnelen zufügen und 1 Minute über mittlerer Hitze pfannenrühren. Danach die Brühe und das Einweichwasser der Tongu-Pilze angießen. Den Bouillonwürfel, die Garnelen, die Mu-Err-Pilze und die Schinkenwürfel hineingeben. Die Suppe aufkochen, die Hitze reduzieren und 10 Minuten sacht kochen lassen. Zuletzt die angerührte Würzsauce einrühren, um die Suppe zu binden.

Entweder in einer Terrine oder in Portionsschalen auftragen.

Suppe der »drei Kostbarkeiten«

Für 4 bis 6 Personen
2 Blöcke Tofu · 1½ EL Schmalz · ¾ l kräftige Brühe
1 Bouillonwürfel · 1½ EL trockener Sherry
Salz · frischgemahlener Pfeffer
1½ EL Speisestärke (angerührt mit 5–6 EL Wasser)
2 EL feingehackter Schinken
FÜR DIE »DREI KOSTBARKEITEN«:
5–6 EL Garnelen · 1 Stück Salatgurke oder 3 EL grüne Erbsen
5–6 mittelgroße getrocknete Tongu-Pilze

Den Tofu in 20 bis 30 kleine Würfel schneiden. Die Tongu-Pilze 30 Minuten in heißem Wasser einweichen, danach die zähen Stiele entfernen, die Kappen ausdrücken und ebenso wie die ungeschälte Gurke in ½ cm große Würfel schneiden.

Das Schmalz im Wok erhitzen. Die Garnelen und die Pilzwürfel ins heiße Fett geben und über mittlerer Hitze 1½ Minuten pfannenrühren. Die Brühe angießen und den Bouillonwürfel sowie die Gurken- und Tofuwürfel zufügen. Zum Kochen bringen und über gelinder Hitze 6 bis 7 Minuten sacht kochen lassen.

Anschließend die Suppe mit Sherry, Salz und frischgemahlenem Pfeffer abschmecken und mit der angerührten Speisestärke binden. Zum Schluß den feingehackten Schinken über die Suppe streuen und sie, wie in den vorigen Rezepten, servieren.

Kürbissuppe mit Spareribs

Für 4 bis 6 Personen
500 g fleischige Schweinerippchen
500 g Kürbis oder Zucchini · 1½ EL Schmalz
1 l kräftige Brühe · ½ Hühnerbouillonwürfel
Salz · frischgemahlener Pfeffer

Vom Metzger die Spareribs in 5 cm lange Stücke hacken lassen. Den Kürbis schälen und in 5 cm große Würfel schneiden. Die Spareribs etwa 8 Minuten, die Kürbis- oder Zucchiniwürfel 4 Minuten in kochendem Wasser blanchieren, herausheben und abtropfen lassen.

Das Schmalz im Wok erhitzen. Die Spareribs ins heiße Fett geben und über mittlerer Hitze 3 bis 4 Minuten unter ständigem Rühren braten. Anschließend die Brühe zugießen und zum Kochen bringen. Auf kleiner Flamme 20 Minuten kochen lassen. Danach den halben Bouillonwürfel und den gewürfelten Kürbis zufügen und etwa 20 Minuten über gelinder Hitze garen. Zum Schluß mit Salz und frischgemahlenem Pfeffer abschmecken und wie in den vorigen Rezepten servieren.

Scharf-saure Fischsuppe

Für 4 bis 6 Personen

200—300 g Filet von Weißfischen
(Seezunge, Scholle, Heilbutt, Kabeljau, Barsch etc.)

1½ TL Salz · 1 EL Speisestärke · ½ Eiweiß

2 Lauchzwiebeln · 4 EL Weißweinessig · 1 EL helle Sojasauce

2 EL Weißwein · ¼ TL frischgemahlener Pfeffer

¼ l kräftige Brühe · ½ Brühwürfel

Das Fischfilet in dünne Streifen von etwa 5×2,5 cm schneiden. Die Fischstreifen salzen, in Speisestärke wenden, 15 Minuten ruhen lassen und dann mit dem leicht verquirlten Eiweiß befeuchten. Die geputzten Lauchzwiebeln in dünne, 6 mm lange Streifen schnitzeln. In einer Tasse den Essig, die helle Sojasauce, den Wein und den frischgemahlenen Pfeffer verrühren.

Die Brühe im Wok zum Kochen bringen. Die Fischstreifen nacheinander in die kochende Brühe legen. Wieder aufkochen lassen und den halben Brühwürfel sowie die angerührten Aromazutaten vorsichtig einrühren. Über gelinder Hitze noch weitere 2 Minuten ziehen lassen. Zum Schluß die geschnitzelten Lauchzwiebeln darüberstreuen.

Diese Suppe, die bei Gästen nie ihre Wirkung verfehlt, entweder in einer Terrine oder in Portionsschälchen auf den Tisch bringen.

Fischkopfsuppe mit Tofuwürfeln

Für 6 Personen

2 Scheiben Frühstücksspeck · 1 mittelgroße Zwiebel

2 Blöcke Tofu · 1½ EL Schmalz · 3 Scheiben frischer Ingwer

400 g fleischige Fischköpfe (Lachs oder Kabeljau)

1 l kräftige Brühe · 1 Hühnerbouillonwürfel · 2 EL Essig

1 EL helle Sojasauce · 2 EL trockener Weißwein oder Sherry

1 TL Salz

Den Frühstücksspeck in feine Streifen und die Zwiebel in dünne Scheiben schneiden. Den Tofu würfeln und den geschälten Ingwer fein hacken. Die Fischköpfe müssen von fangfrischen Fischen stammen. Kiemen und Augen entfernen, die Köpfe halbieren, gründlich abspülen und trockentupfen.

Das Schmalz im Wok erhitzen und die Speckstreifen, die Zwiebeln sowie den gehackten Ingwer zufügen und über starker Hitze 2 Minuten pfannenrühren. Die Fischköpfe zufügen und unter ständigem Wenden 1 Minute im heißen Fett braten.

Anschließend die Brühe, den Essig, die Sojasauce sowie den Wein oder Sherry zugießen und den Hühnerbouillonwürfel und das Salz zufügen. Nach dem Aufkochen die Hitze reduzieren und auf kleiner Flamme 10 Minuten sacht kochen lassen. Danach die Tofuwürfel einstreuen und weitere 10 Minuten über gelinder Hitze ziehen lassen.

In einer vorgewärmten Terrine auftragen. Diese kräftige Suppe ist in China sehr beliebt und kommt als Hauptgericht auf den Tisch.

Reisgerichte

In China wird Reis nur selten im Wok gekocht. Er wird aber darin gebraten oder aufgewärmt, indem er unter Zugabe von ein wenig Brühe und 1 oder 2 weiteren Zutaten — gewöhnlich von etwas frischem grünen Gemüse und einigen gebratenen Fleischresten — heiß geschwenkt wird. Aus wenigen Zutaten erhält man somit schnell zubereitete, einfache Gerichte — heiße Reissalate, die dekorativ sind und ausgezeichnet schmecken.

Der verwendete Reis soll körnig gekocht und kalt sein. Meistens werden Reste gekochten Reises vom Vortag verwendet. Da das richtige Reiskochen im Westen oftmals eine Streitfrage ist, werde ich hier die einfachste Art, wie man in China Reis kocht, nochmals erklären. Ein elektrischer, thermostatisch geregelter Reiskochtopf wird von den meisten Chinesen als moderner Firlefanz abgetan.

Gekochter Reis

Für 4 bis 6 Personen
500 ml Langkornreis · 750 ml Wasser

Den Reis in kaltem Wasser gründlich waschen, dabei das Wasser einmal wechseln. Den Reis in ein Sieb schütten und abtropfen lassen.

Den abgetropften Reis in einen Topf mit schwerem Boden geben und das abgemessene Wasser zuschütten. Zum Kochen bringen, die Hitze reduzieren und einen Deckel auflegen. Den Reis auf kleinster Flamme 10 Minuten kochen lassen, dabei den Deckel nicht abheben. Anschließend die Hitze abschalten und den geschlossenen Topf noch weitere 10 Minuten über der Resthitze stehenlassen. Danach sollte der Reis schön körnig und weich gekocht sein.

Gebratener Reis

Für 2 bis 3 Personen
1 mittelgroße Zwiebel · 2–3 Scheiben Frühstücksspeck
1 TL Salz · 2–3 Eier · 2–3 EL Speiseöl · 1 EL Butter
300–400 g körnig gekochter Reis (2–3 Portionsschalen)
2–3 EL grüne Erbsen (frisch oder tiefgefroren)
1 EL helle Sojasauce

Die geschälte Zwiebel in dünne Scheiben und den Frühstücksspeck in feine Streifen schneiden. Die Eier salzen und mit einer Gabel 10 bis 12 Sekunden verquirlen.

Das Öl im Wok erhitzen. Die Zwiebelscheiben und Speckstreifen einstreuen und über mittlerer Hitze 2 Minuten pfannenrühren. Anschließend auf die Seite schieben und die Butter auf der anderen Seite in den Wok gleiten lassen. Wenn die Butter zerlaufen ist, die verquirlten Eier zugeben, einige Male umrühren und 1 Minute stocken lassen. Jetzt den körnig gekochten Reis, die grünen Erbsen und die Sojasauce zufügen. Mit den anderen Zutaten im Wok verrühren, bis alles gleichmäßig vermischt ist. Über gelinder

Hitze noch weitere 2½ Minuten garen. Danach noch einmal durch-rühren und servieren.

Dieser einfache gebratene Reis wird üblicherweise als Sättigungs-beilage zu weiteren 1 bis 2 würzigen Gerichten — meist einem Gemüse- und einem Fleischgericht — gereicht.

Serviert man gebratenen Reis als Hauptgericht, sollte man diesem Grundrezept noch weitere Zutaten hinzufügen, damit das Ge-richt üppiger wird. Zu solch einem garnierten Reis serviert man gewöhnlich eine würzige Suppe, einen heißen Tee oder ein küh-les Bier.

Gebratener Reis mit Champignons und Fleischwürfeln

Für 2 bis 3 Personen
100 g kleine Champignons
100—200 g gebratene Schweine-, Lamm-, Rind- oder Hühnerfleischreste
1½ EL Speiseöl · ½ EL Butter · 1½ EL Sojasauce
½ TL Zucker · 400 g gebratener Reis

Die Pilze waschen und ihre Stiele abdrehen. Nur die Kappen ver-wenden und in 6 mm kleine Würfel schneiden. Die Fleischreste in ebenso kleine Würfel wie die Pilze schneiden.

Das Öl im Wok erhitzen. Die Pilzwürfel ins heiße Öl streuen und über starker Hitze 2 Minuten pfannenrühren. Die Hitze re-duzieren und die Butter sowie die Fleischwürfel hinzufügen, die Sojasauce und den Zucker darübergeben. Auf mittlerer Flamme 1½ Minuten weiterrühren.

Anschließend den gebratenen Reis zufügen und mit den anderen Zutaten vermischen. Ohne weiterzurühren 1½ bis 2 Minuten erhitzen. Danach kurz durchmischen und in einer vorgewärmten Schüssel oder in Portionsschalen servieren. Übriggebliebener Reis kann noch einige Zeit im Wok warm gehalten werden.

Gebratener Reis mit Garnelen und Bambussprossen

Für 2 bis 4 Personen
75–100 g Bambussprossen · 2 Lauchzwiebeln
3–4 EL Garnelen (frisch oder tiefgefroren)
2 EL Speiseöl · ½ EL Butter · 1½ EL Sojasauce
½ TL Zucker · 400 g gebratener Reis

Wie im vorigen Rezept verfahren. Die Bambussprossen in 4 mm kleine Würfel und die geputzten Frühlingszwiebeln in 6 mm große Stücke oder Späne schneiden. Zusammen mit den Garnelen kurz im heißen Fett pfannenrühren, würzen und den gebratenen Reis zufügen. Alle Zutaten über mittlerer Hitze miteinander vermengen.
Die Garnelen machen dieses Reisgericht besonders würzig.

Fisch-Reis-Pfanne

(Foto Seite 71)

Für 4 Personen

1 Gemüsezwiebel · 2 kleine Fenchelknollen

1 rote Paprikaschote · 1 säuerlicher Apfel · 2 EL Rosinen

150 g Sojabohnensprossen

500 g Fischfilet (Rotbarsch oder Kabeljau)

1 EL Zitronensaft · 3–4 EL Speiseöl · 1 TL Salz

frischgemahlener Pfeffer · 2 EL Sojasauce

100 g abgekochte Krabben · 400 g gekochter Reis (evtl. Naturreis)

250 ml kräftige Brühe · Fenchelkraut zur Verzierung

Die Gemüsezwiebel fein würfeln. Die Fenchelknollen putzen.
Die Paprikaschote von Stielansatz und Samenstand befreien. Das
Gemüse in gleichmäßige schmale Streifen schneiden. Den Apfel
schälen und vierteln. Das Kerngehäuse entfernen und die Viertel
in dünne Scheiben schneiden. Die Rosinen heiß abspülen und auf
einem Sieb abtropfen lassen. Die Sojabohnensprossen mit kochendem Wasser überbrühen und ebenfalls abtropfen lassen. Das
Fischfilet in Stücke schneiden und mit dem Zitronensaft beträufeln.

Das Öl im Wok erhitzen. Die Zwiebelwürfel einstreuen und über
mittlerer Hitze glasig dünsten. Die Gemüsestreifen zufügen und
2–3 Minuten pfannenrühren. Zugedeckt etwa 8–10 Minuten
über milder Hitze schmoren. Anschließend die Fischstücke und
die Apfelscheiben einlegen. Mit Salz und Pfeffer und der Sojasauce
würzen und unter vorsichtigem Wenden etwa 4–5 Minuten garen. Danach die Fischstücke zur Seite schieben. Den Reis, die ge-
brühten Sojabohnensprossen, die Rosinen und die Garnelen zufügen und mit den Gemüsestreifen vermischen. Die Fischstücke
vorsichtig unterheben. Mit der heißen Brühe übergießen und
auf kleiner Flamme etwa 8 Minuten ziehen lassen.

Heißer Reissalat mit Kohl- und Schinkenstreifen

Für 2 bis 3 Personen

300 g Chinakohl oder Wirsing

100—300 g Schinken oder Räucherspeck · 2 EL Speiseöl

1 TL Salz · 1 EL Schmalz oder Butter · 400 g gekochter Reis

250 ml kräftige Brühe · ½ Hühnerbouillonwürfel

Die Kohlblätter vom Strunk ablösen und die groben Rippen entfernen. Den Kohl waschen, abtropfen lassen und in Rechtecke von 2,5×4 cm schneiden. Den Schinken in dünne Streifen von 2,5 cm Länge schneiden. Den Brühwürfel in der heißen Brühe auflösen.

Das Öl im Wok erhitzen. Die Kohlstreifen ins heiße Öl geben. Mit dem Salz bestreuen, damit sie schön grün bleiben, und über mittlerer Hitze 1½ Minuten pfannenrühren. Das Schmalz oder die Butter zufügen. Die Schinkenstreifen einstreuen und mit dem Kohl 1½ Minuten mischen. Anschließend den Reis zufügen und gründlich mit den anderen Zutaten vermengen. Danach mit der Brühe übergießen und auf kleiner Flamme 10 Minuten ziehen lassen.

In einer vorgewärmten flachen Schüssel oder in Portionsschalen auftragen. Serviert man dazu noch ein Fleischgericht und eine Suppe, so ist die angegebene Zutatenmenge ausreichend für 4 bis 5 Personen.

Heißer Reissalat
mit Prinzeßbohnen und
rotgeschmortem Schweinefleisch

Für 3 bis 5 Personen

300 g Prinzeßbohnen (Haricots verts)

300 g kaltes rotgeschmortes Schweinefleisch (Reste)

2 EL Speiseöl · 1 TL Salz · ½ EL Schmalz oder Butter

400 g gekochter Reis · 250 ml kräftige Brühe

½ Hühnerbouillonwürfel

Die Bohnen putzen und schräg in 2,5 cm lange Abschnitte schneiden. Das kalte Schweinefleisch in Stücke von 1✕2,5 cm schneiden. Den halben Bouillonwürfel in der heißen Brühe auflösen.
Das Öl im Wok erhitzen. Die Bohnen zufügen, salzen und über mittlerer Hitze 2 Minuten pfannenrühren. Das Schmalz oder die Butter sowie das Schweinefleisch zugeben und zusammen mit den Bohnen 1 weitere Minute pfannenrühren. Danach den Reis zufügen und gleichmäßig mit den anderen Zutaten vermischen. Die Brühe darübergießen und den Wokdeckel auflegen. Über gelinder Hitze 10 Minuten ziehen lassen.
Die angegebene Menge ist — mit einem Fleischgericht und einer Suppe — ausreichend für 3 bis 5 Personen.

Anmerkung der Übersetzerin

Kenneth Lo verwendet für dieses Gericht rotgeschmortes Schweinefleisch, ein beliebtes chinesisches Gericht, das im 11. Jahrhundert von dem Hofdichter Su Tungpo erfunden sein soll.
Dazu wird die Schwarte von 1 kg Schweinebauch gitterförmig eingeschnitten. Das Fleisch wird in kochendem Salzwasser 10 Minuten blanchiert, herausgehoben und kalt abgeschreckt. Danach wird das Fleisch 2 Stunden in einer Marinade aus 4 EL dunkler

Sojasauce, 4 EL trockenem Sherry, 1 EL braunem Zucker, 1 TL gehacktem Ingwer und 2 in dünne Ringe geschnittenen Zwiebeln gelegt und darin mehrmals gewendet. Anschließend gibt man das Fleisch in eine Kasserolle, übergießt es mit der Marinade und schmort es zugedeckt im Wasserbad oder im 180 °C heißen Ofen weich.

Heißer Reissalat
mit gewürfeltem Kasseler,
mit Blumenkohl und Rosenkohl

Für 3 bis 5 Personen

1 kleiner Blumenkohl · 100 g Rosenkohl

300 g gegartes Kasseler · 2 EL Speiseöl · 1 TL Salz

400 g gekochter Reis · 1 EL Schmalz oder Butter

250 ml kräftige Brühe · ½ Hühnerbouillonwürfel

½ EL Sojasauce

Den gewaschenen Blumenkohl in einzelne Röschen teilen. Die geputzten Rosenkohlröschen halbieren, gegebenenfalls vierteln. Das Kasseler in 6 mm kleine Würfel schneiden. In der heißen Brühe den Bouillonwürfel auflösen.

Das Öl im Wok erhitzen. Das Gemüse zufügen, salzen und über mittlerer Hitze 2 Minuten pfannenrühren. Anschließend das Schmalz oder die Butter, die Fleischwürfel und den Reis zugeben. Alles gut miteinander vermischen. Die Brühe darübergießen und zum Kochen bringen. Danach den Wokdeckel auflegen und die Hitze reduzieren. Auf kleinster Flamme 10 Minuten ziehen lassen.

In einer vorgewärmten flachen Schüssel oder in Portionsschalen anrichten, mit etwas Sojasauce beträufeln und servieren.

Heißer Reissalat
mit zweierlei Fisch

Für 3 bis 5 Personen

300 g Fischfilet (Kabeljau, Heilbutt, Schellfisch, Meeräsche)

200 g Räucherfisch (Räucherschellfisch, Makrele)

1 mittelgroße Zwiebel · 2 Lauchzwiebeln · 3 Knoblauchzehen

2 EL Speiseöl · 1 EL Schmalz oder Butter

400 g gekochter Reis · 250 ml kräftige Brühe

½ Hühnerbouillonwürfel · 1 TL Salz · 1 EL Sojasauce

Das Fischfilet in 2,5 cm, den Räucherfisch in 1 cm große Würfel schneiden. Dabei eventuell noch vorhandene Gräten entfernen. Die Zwiebel in dünne Scheiben, die geputzten Lauchzwiebeln schräg in 1 cm lange Stücke schneiden und die Knoblauchzehen fein hacken oder durch die Knoblauchpresse drücken. In der heißen Brühe den halben Bouillonwürfel auflösen.

Das Öl und das Schmalz oder die Butter im Wok erhitzen. Die Zwiebelscheiben und den Knoblauch hineingeben und über mittlerer Hitze 1½ Minuten pfannenrühren. Das gewürfelte Fischfilet einlegen und unter vorsichtigem Wenden 2 Minuten braten. Anschließend den Reis und den Räucherfisch untermischen. Die Brühe gleichmäßig darübergießen. Danach die Hitze reduzieren, den Wokdeckel auflegen und über gelinder Hitze 10 Minuten ziehen lassen. Den Reissalat salzen, mit den Lauchzwiebeln bestreuen und mit der Sojasauce beträufeln. Auf vorgewärmte Teller oder Portionsschalen verteilen und auftragen.

Heißer Reissalat
mit verschiedenem feinen Gemüse

Für 4 bis 5 Personen

2 kleine zarte Karotten · 1 kleine Aubergine

2 junge Lauchstangen · 1 Stange Staudensellerie

1 kleiner Spitzkohl · 1 mittelgroße Zwiebel · 1 Block Tofu

2 mittelgroße Tomaten · 2½ EL Speiseöl · 1½ EL Butter

4 EL zarter Zuckermais · 1½ TL Salz · 400 g gekochter Reis

250 ml kräftige Brühe · 1 Hühnerbouillonwürfel

1 TL Sesamöl · 2 EL Sojasauce

Das Gemüse putzen und waschen. Die Karotten und die Aubergine in 1 cm große Würfel, die Selleriestange und den Lauch schräg in 1 cm große Stücke, den Kohl in 2,5 cm breite Streifen und die Zwiebel in dünne Scheiben schneiden. Den Tofu in 1 cm große Würfel schneiden. Die Tomaten abziehen und grob zerschneiden. In der heißen Brühe den Bouillonwürfel auflösen.

Das Öl im Wok erhitzen. Die Tofu- und Karottenwürfel sowie die Zwiebelscheiben einstreuen und im heißen Öl 2½ Minuten unter vorsichtigem Wenden braten. Anschließend die Butter und das übrige Gemüse zufügen, mit dem Salz bestreuen und über großer Hitze 2 Minuten pfannenrühren. Danach den Reis zufügen und gut mit den anderen Zutaten vermischen. Die Brühe darübergießen und den Wokdeckel auflegen. Über gelinder Hitze 10 Minuten garen.

Auf 4 bis 5 vorgewärmten Tellern oder in Portionsschalen anrichten, mit dem Sesamöl und der Sojasauce beträufeln und servieren.

Heißer Reissalat
mit gehacktem Fleisch
und verschiedenem Gemüse

Für 3 bis 5 Personen

1 mittelgroße Zwiebel · 2 Knoblauchzehen

*300 g geschnittenes Gemüse (Kohl, Blumenkohl,
Karotten, Rettich, Zucchini, Auberginen, Erbsen etc.)*

2 EL Speiseöl

200—300 g gehacktes Fleisch vom Schwein oder Rind

1½ EL Schmalz oder Butter

2 EL Mixed Pickles oder gehackte Gewürzgurke

400 g gekochter Reis · 250 ml kräftige Brühe

½ Hühnerbouillonwürfel · Salz

2 EL Sojasauce

Die Zwiebel in dünne Scheiben schneiden und die Knoblauchzehen fein hacken. Die Gemüse in 2,5 cm breite Streifen schneiden. In der heißen Brühe den halben Bouillonwürfel auflösen.
Das Öl im Wok erhitzen. Die Zwiebelscheiben und den gehackten Knoblauch ins heiße Öl geben und über starker Hitze 1 Minute pfannenrühren. Das gehackte Fleisch einstreuen und 2 Minuten mit den Zwiebeln und dem Knoblauch mischen. Anschließend die Gemüsestreifen, das Schmalz oder die Butter sowie die Mixed Pickles oder die gehackte Gewürzgurke zufügen und 3 Minuten pfannenrühren.
Danach den Reis einrühren und gleichmäßig mit den anderen Zutaten vermischen. Die Brühe sowie die Hälfte der Sojasauce darübergießen und das Salz darüberstreuen. Zugedeckt auf kleinster Flamme 10 Minuten garen. In 3 bis 5 Portionsschalen verteilen, mit der restlichen Sojasauce beträufeln und servieren.

Nudelgerichte

In China kocht und verzehrt man Nudeln auf vier verschiedene Arten: gebraten als Chow Mein, in Sauce, in Suppe oder vermischt mit Gemüsestreifen und einer Fleischsauce. Traditionell können und werden alle vier Kocharten im Wok ausgeführt. Die folgenden Rezepte geben dafür Beispiele.

Objektiv betrachtet, besteht der hauptsächliche Unterschied zwischen chinesischen Nudelgerichten und italienischer Pasta darin, daß die chinesischen Nudelgerichte sozusagen »Doppeldecker« sind. Zwar werden chinesische Nudeln genau wie italienische zuvor gekocht und abgetropft, aber sie werden danach nicht nur mit Fleisch und einer Sauce im Wok vermischt, sondern man legt noch obendrein eine substantielle Garnitur von schnell gebratenen Zutaten darüber. Italienische Pasta-Gerichte sind dagegen »Eindecker«, wobei die Nudeln mit den Würzzutaten unmittelbar vor dem Servieren oder bei Tisch vermengt werden.

In italienischen Suppen schwimmen die Nudeln klein oder kurzgeschnitten zusammen mit anderen Zutaten. Die Chinesen dagegen servieren ihre Nudeln in voller Länge als lockeres Bündel in der Suppe oder der Sauce. Das große Eßvergnügen besteht darin, diese Nudeln samt der Suppe oder Sauce halb zu essen und halb zu trinken. Der Verzehr der Garnitur, die zuweilen aus ganz beträchtlichen Stücken Fleisch oder Gemüse bestehen kann, ist lediglich eine angenehme Nebensache. Die Gaumenfreude des chinesischen Gourmets besteht darin, daß er die Nudeln mit Wonne in sich hineinschlürft — eine Sinneserfahrung, die dem westlichen Feinschmecker fremd ist, da er von Tellern und nicht aus Schalen ißt.

Gebratene Nudeln oder Chow Mein

Für 3 bis 4 Personen

400—600 g chinesische Nudeln (oder Spaghetti)

---

1 mittelgroße Zwiebel

---

300 g Fleisch (vom Schwein, Huhn, Rind oder Lamm)

2½ EL Speiseöl · ½ TL Salz

---

100 g Sojabohnensprossen · 2½ EL Sojasauce

FÜR DIE GARNITUR:

---

2 Lauchzwiebeln · 6 große Champignons

---

4 getrocknete Tongu-Pilze (nach Belieben)

1½ EL Schmalz oder Butter · 1½ EL trockener Sherry

---

3 EL kräftige Brühe

Die chinesischen Nudeln 7 bis 8 Minuten (die Spaghetti etwa 18 Minuten) in kochendem Salzwasser garen. Danach das Wasser abschütten, die Nudeln kalt abschrecken und auf einem Sieb abtropfen lassen. Die Zwiebel in dünne Scheiben und das Fleisch in streichholzdicke Streifen schneiden. Die geputzten Lauchzwiebeln in 2,5 cm lange Stücke und die geputzten Champignons in dünne Scheiben schneiden.

Falls getrocknete Tongu-Pilze verwendet werden, müssen diese 30 Minuten in heißem Wasser eingeweicht werden. Danach die zähen Stiele entfernen und die Kappen in dünne Streifen schneiden.

Das Öl im Wok erhitzen. Die Zwiebelscheiben und die Fleischstreifen ins heiße Öl geben, salzen und 2 Minuten über starker

Hitze pfannenrühren. Die Sojabohnensprossen zufügen, mit ½ EL Sojasauce beträufeln und weitere 2 Minuten pfannenrühren. Danach etwa die Hälfte der Zutaten aus dem Wok nehmen und für die Garnitur bereithalten.

Jetzt die gründlich abgetropften Nudeln in den Wok geben, mit 1 EL Sojasauce beträufeln und mit den anderen Zutaten vermischen. Über reduzierter Hitze in etwa 4 bis 5 Minuten heiß werden lassen, dabei mehrmals wenden. Anschließend die Nudeln in eine vorgewärmte tiefe Schüssel füllen und warm halten.

Inzwischen den Wok mit einem feuchten Tuch auswischen. Das Schmalz oder die Butter hineingeben und zerlaufen lassen. Die Champignonscheiben und Tongu-Pilzstreifen ins heiße Fett streuen und über starker Hitze 1½ Minuten pfannenrühren. Die bereitgehaltene Garnitur, den Sherry, die Lauchzwiebeln, die Brühe und die restliche Sojasauce zufügen. Auf großer Flamme alles 2 Minuten lang miteinander vermengen.

Anschließend die Garnitur mit einer Kelle über die warmgehaltenen Nudeln breiten und die Bratflüssigkeit aus dem Wok darübergießen. Die Servierschüssel in die Mitte des Tisches stellen, damit sich die Gäste bedienen können.

Chow Mein
mit Meeresfrüchten

Für 3 bis 4 Personen

400—600 g chinesische Nudeln (oder Spaghetti)

2 mittelgroße Zwiebeln · 3—4 Scheiben Frühstücksspeck

1 Stange Staudensellerie · 2 Scheiben Ingwerwurzel

2—4 EL Krebsfleisch

1 kleine Konserve Muscheln (100 g) oder 6 kleine Austern
oder 6 frische Pfahlmuscheln

1½ EL getrocknete Garnelen · 2½ EL Speiseöl

1 TL Salz · 2 EL Sojasauce

FÜR DIE GARNITUR:

2 Knoblauchzehen

6—8 große Garnelenschwänze oder 2—4 Jakobsmuscheln

1 EL Butter · 3 EL kräftige Brühe

2 EL trockener Sherry

Die Nudeln 6 bis 7 Minuten (die Spaghetti etwa 18 Minuten) in kochendem Salzwasser garen. Danach das Wasser abschütten, die Nudeln kalt abschrecken und auf einem Sieb abtropfen lassen. Die Zwiebeln in dünne Scheiben, den Frühstücksspeck, den geputzten Staudensellerie und den Ingwer in streichholzdicke Streifen schneiden und das Krebsfleisch zerpflücken.

Falls frische Muscheln oder Austern verwendet werden, müssen diese zuvor unter fließendem Wasser gründlich gebürstet werden. Muscheln und Austern, die sich dabei nicht schließen, entfernen, da sie verdorben sind. Die Muscheln oder Austern zugedeckt in siedendem Wasser knapp 3 Minuten garen, danach das Fleisch aus dem Schalen lösen.

Die getrockneten Garnelen in warmem Wasser 30 Minuten einweichen, anschließend abtropfen lassen. Den Knoblauch fein hakken. Die Garnelenschwänze aus den Schalen lösen und den dunklen Darmstrang entfernen. Falls Jakobsmuscheln verwendet werden, das Muschelfleisch, d.h. die weiße Nuß und das orangefarbene Korail, aus den Schalen lösen, abspülen und trockentupfen. Die Nuß waagrecht in etwa ½ cm dicke Scheiben schneiden, das Korail im ganzen belassen. Die Lauchzwiebeln putzen und in dünne Scheiben schneiden.

Das Öl im Wok erhitzen. Die Zwiebeln, den Ingwer, den Frühstücksspeck, die Staudensellerie und die eingeweichten Garnelen zufügen und über starker Hitze 2 Minuten pfannenrühren. Das Krebsfleisch und die Muscheln oder Austern zufügen, salzen und weitere 1½ Minuten unter ständigem Rühren braten.

Danach die Nudeln zufügen und mit den anderen Zutaten vermischen. Über reduzierter Hitze in 4 bis 5 Minuten heiß werden lassen, dabei einige Male wenden und zum Schluß mit 2 EL Sojasauce beträufeln. Aus dem Wok in eine vorgewärmte tiefe Schüssel füllen und warm halten. Den Wok mit einem feuchten Tuch auswischen und zurück auf den Herd setzen.

Für die Garnitur die Butter, die Lauchzwiebeln und den Knoblauch in den Wok geben und über starker Hitze kurz durchrühren. Die Garnelenschwänze oder die Jakobsmuscheln zufügen und 1 Minute pfannenrühren. Danach die Brühe und den Sherry zugießen, zum Kochen bringen und knapp 15 Sekunden — nicht länger — weiterrühren.

Die Meeresfrüchte mit einer Kelle als Garnitur über die Nudeln breiten und die Bratflüssigkeit aus dem Wok darübergießen. Die Servierschüssel in die Mitte des Tisches stellen, damit sich die Gäste bedienen können.

Chow Mein vegetarisch

Für 3 bis 4 Personen

400–600 g Nudeln (oder Spaghetti)

1 Stange Staudensellerie · 2 kleine, zarte Karotten

1 Stück Salatgurke von etwa 10 cm Länge

4 mittelgroße getrocknete Tongu-Pilze

5–6 mittelgroße feste Champignons · 100 g zarte Spinatblätter

2 Lauchzwiebeln · 2 Knoblauchzehen

50–75 g Bambussprossen · 3 EL Speiseöl

5–6 EL Sojabohnensprossen · 2 EL Mixed Pickles

4 EL Sojasauce · 1½ EL Butter

4–5 EL Baby-Maiskolben aus der Dose (nach Belieben)

2½ EL Brühe · 1 EL trockener Sherry · 2 TL Sesamöl

Die Nudeln in gesalzenem Wasser 6 bis 7 Minuten (Spaghetti 18 Minuten) garen, abgießen, kalt abspülen und auf einem Sieb abtropfen lassen.

Die geputzte Selleriestange und die Karotten sowie die ungeschälte Gurke in doppelt streichholzstarke Streifen schneiden. Die getrockneten Pilze 20 Minuten in heißem Wasser einweichen. Danach die zähen Stiele entfernen und die Kappen in ebenso große Streifen schneiden. Die Champignons in dünne Scheiben schneiden. Die Spinatblätter von gröberen Stielen befreien, gründlich waschen und in etwa 7 cm große Stücke reißen. Die geputzten Lauchzwiebeln in 5 cm lange Abschnitte schneiden. Die beiden Knoblauchzehen fein hacken. Die Bambussprossen in Scheiben oder ebenso große Streifen wie die Gurke schneiden.

Das Öl im Wok erhitzen. Die Sellerie- und Karottenstreifen, die zerkleinerten Tongu-Pilze und Bambussprossen ins heiße Öl streuen und über starker Hitze 2 Minuten pfannenrühren. Anschließend die Sojabohnensprossen, die Gurkenstreifen und die Mixed Pickles einrühren. Alles mit 1½ EL Sojasauce beträufeln und 1 weitere Minute pfannenrühren.

Danach die Hitze reduzieren. Die gründlich abgetropften Nudeln zufügen und in 3 bis 4 Minuten unter mehrmaligem vorsichtigen Wenden erhitzen. In eine vorgewärmte tiefe Schüssel schütten und warm halten.

Inzwischen den Wok mit einem feuchten Tuch auswischen. Zurück aufs Feuer stellen und die Butter hineingeben. Den Spinat, den Knoblauch und die Champignons in die heiße Butter streuen und auf großer Flamme unter schnellem Rühren 2 Minuten braten. Anschließend die kleinen Maiskolben zufügen. Die restliche Sojasauce, die Brühe sowie den Sherry zugießen und nochmals 1 Minute pfannenrühren. Zum Schluß das Gemüse mit dem Sesamöl beträufeln und als Garnitur über die Nudeln geben.

Die Schüssel in die Mitte des Tisches stellen, damit die Gäste sich bedienen können.

Alle Chow-Mein-Gerichte müssen heiß und unmittelbar aus dem Wok serviert werden.

Nudeln in Sauce

Nudeln in Sauce unterscheiden sich von den gebratenen Nudeln dadurch, daß sie in der Sauce von geschmortem Fleisch fertig gegart werden. Dieses Fleisch wird dann in großen Würfeln schnell im Wok — oft zusammen mit etwas Gemüse — angebraten und als Garnitur über die Nudeln gelegt.

Aus dem Bratensaft des Schmorfleisches bereitet man die Sauce einfach, indem man 375–500 ml kräftige Brühe zugießt, mit Sojasauce und Wein abschmeckt und schließlich mit etwas Speisestärke bindet.

Die Nudeln, die zuvor fast gar gekocht und gründlich abgetropft wurden, werden nun in dieser Sauce in weiteren 3 bis 5 Minuten fertig gegart. Man serviert die Nudeln in größeren Portionsschalen und legt das grobgewürfelte Schmorfleisch sowie das pfannengerührte Gemüse als Garnitur darüber.

Das heißt jedoch nicht, daß »Nudeln in Sauce« nur mit dem Bratensaft eines Schmorbratens oder eines Ragouts zubereitet werden können. Jedes Gericht mit gebratenen Nudeln kann man zu ganz annehmbaren »Nudeln in Sauce« abwandeln. Dazu gießt man entsprechend mehr kräftige Brühe zum pfannengerührten Fleisch und Gemüse in den Wok — zuvor hat man jedoch ein gutes Viertel davon für die Garnitur abgenommen — und läßt alles etwa 10 Minuten über gelinder Hitze kochen. Danach würzt man die Sauce mit einem gehörigen Quantum Sojasauce und ein wenig Wein oder trockenem Sherry, dem Äquivalent des gelben chinesischen Reisweins. Zuletzt wird die Sauce mit etwas angerührter Speisestärke gebunden.

Anschließend gibt man die Nudeln in die würzige Sauce und gart sie darin noch 4 bis 5 Minuten, bevor man sie, belegt mit der Garnitur, auftischt. Idealerweise sollte man jedoch die »Nudeln in Sauce« dann zubereiten, wenn ein großer Topf voll saftigem Ragout oder Schmorfleisch vorhanden ist.

Da »lange geschmortes« Fleisch in den folgenden Rezepten verwendet wird, möchte ich diese Kochmethode hier kurz erläutern, bevor ich in einem späteren Kapitel auf sie ausführlich eingehe. Chinesische Schmorgerichte werden gewöhnlich in einem geschlossenen hitzebeständigen Geschirr, einem Tontopf oder einer Steingutkasserolle, gegart. Dieses Geschirr stellt man in kochendes Wasser, das über längere Zeit am Sieden gehalten wird.

Für diese Kochmethode kann man bequem den Wok benutzen. Man füllt ihn mit 1¼ bis 1½ l Wasser, das man zum Kochen bringt. Das Geschirr mit dem Gargut wird in das kochende Wasser gesetzt und mit einem Deckel oder mit Aluminiumfolie fest verschlossen. Darüber stülpt man nun den hochgewölbten Wokdeckel. Fleisch oder anderes, das man auf diese Art langsam in 2 bis 3 Stunden oder noch länger gart (wobei man von Zeit zu Zeit etwas Wasser in den Wok nachgießen muß), wird schmelzend weich, und mit den passenden Würzzutaten und einem kräftigen Schuß gehaltvoller Brühe sollte auch reichlich Schmorsaft von vorzüglichem Geschmack entstehen.

Nudeln in Sauce
mit geschmortem Rindfleisch

Für 3 bis 4 Personen

400–600 g chinesische Nudeln (oder Spaghetti)

2 Knoblauchzehen · 200 g Spinat

400 g geschmortes Rindfleisch · 500 ml kräftige Brühe

1 Hühnerbouillonwürfel · 1½ EL Sojasauce

3–4 EL trockener Sherry oder Weißwein

1½ EL Speisestärke (angerührt mit 4–5 EL kaltem Wasser)

1½ EL Speiseöl · 1 EL Schmalz oder Butter

2 Lauchzwiebeln · ½ TL Salz

Die Nudeln 4 bis 5 Minuten (Spaghetti 10 Minuten) in kochendem Salzwasser garen, mit kaltem Wasser abspülen und abtropfen lassen. Die Knoblauchzehen fein hacken. Den gründlich gewaschenen Spinat von groben Stielen befreien und in etwa 6 cm große Stücke reißen. Das geschmorte Rindfleisch in mundgerechte Stücke und die geputzten Lauchzwiebeln in kleine Scheiben schneiden. Den Bouillonwürfel in der Brühe auflösen.
Den Schmortopf des Rindfleisches sowie die Brühe in den Wok gießen und aufkochen. Anschließend die Sojasauce, den Sherry oder den Wein sowie die angerührte Speisestärke zufügen und so lange rühren, bis die Sauce bindet. Danach die Nudeln unterhe-

ben und auf kleiner Flamme 4 bis 5 Minuten sacht kochen lassen. Die Nudeln mit der Sauce in 3 bis 4 vorgewärmte Schalen gießen und warm halten.

Inzwischen den Wok mit einem feuchten Tuch auswischen und zurück auf den Herd setzen. Das Öl und das Schmalz hineingeben und erhitzen. Den Knoblauch und den Spinat zufügen und über starker Hitze 2 Minuten pfannenrühren. Die Fleischstücke, die Lauchzwiebeln und das Salz einstreuen und nochmals 2 Minuten unter ständigem Rühren braten. Als Garnitur über die »Nudeln in Sauce« verteilen und servieren.

Ein magenwärmendes Gericht für kalte Tage, das man mit Stäbchen und einem Löffel für die Sauce ißt.

Nudeln in Sauce mit geschmortem Schweinefleisch

Für 3 bis 5 Personen
400—600 g chinesische Nudeln (oder Spaghetti)
2 Knoblauchzehen · 2—3 Stangen Staudensellerie
600 g mit der Schwarte geschmortes Schweinefleisch
500 ml kräftige Brühe · 1 Hühnerbouillonwürfel
1½ EL Sojasauce · 3—4 EL trockener Sherry oder Weißwein
½ TL Salz · 1½ EL Speisestärke (angerührt mit 4—5 EL kaltem Wasser)
1½ EL Speiseöl · 1 EL Schmalz oder Butter
2 Lauchzwiebeln

Die Nudeln 4 bis 5 Minuten (falls Spaghetti verwendet werden, diese 12 Minuten) in kochendem Salzwasser garen, danach abgießen, kalt abspülen und auf einem Sieb gründlich abtropfen lassen.

Die Knoblauchzehen fein hacken, die geputzten Selleriestangen diagonal in 5 cm lange Stücke und das geschmorte Schweinefleisch mit der Schwarte in mundgerechte Würfel schneiden.

Den Schmorsaft des Schweinefleisches in den Wok gießen und die Brühe sowie den Bouillonwürfel einrühren. Zum Kochen bringen und die Sojasauce, den Sherry oder Weißwein, das Salz sowie die angerührte Speisestärke zufügen. So lange rühren, bis die Sauce bindet. Jetzt die Nudeln unterheben und über gelinder Hitze in 4 bis 5 Minuten fertig garen. Anschließend in 3 bis 5 vorgewärmte Schalen (je 1 Schale für jeden Gast) verteilen und warm halten.

Den Wok mit einem feuchten Tuch auswischen, und das Öl sowie das Schmalz hineingeben. Sobald die Fettmischung heiß ist, den feingehackten Knoblauch und die Selleriestücke einstreuen und über starker Hitze 1½ Minuten pfannenrühren. Die Fleischstücke und die Lauchzwiebeln zufügen und unter ständigem Wenden 2 Minuten braten. Als Garnitur über die Nudeln geben und servieren.

Nudeln in Sauce
mit Meeresfrüchten

Für 3 bis 5 Personen

1 EL getrocknete Garnelen

200 g nicht zu mageres Schweinefleisch

1 mittelgroße Zwiebel · 2 Lauchzwiebeln

2 Scheiben Ingwerwurzel · 2 Knoblauchzehen

400—600 g chinesische Nudeln (oder Spaghetti)

2½ EL Speiseöl · 4—5 EL geschälte Tiefseegarnelen

2—3 EL Muschelfleisch · 3—4 EL Krebsfleisch

4—5 ausgelöste Austern · 125 ml Bratensaft

500 ml kräftige Brühe · ½ Hühnerbouillonwürfel

1½ EL Speisestärke (angerührt mit 4 EL kaltem Wasser)

1 EL Schmalz · ½ EL Sojasauce

3 EL trockener Sherry oder Weißwein

Die getrockneten Garnelen etwa 30 Minuten in warmem Wasser einweichen, danach abtropfen lassen. Das Schweinefleisch in feine Streifen, die Zwiebel in dünne Scheiben und die Lauchzwiebeln in 2,5 cm lange Stücke schneiden. Den frischen Ingwer in sehr feine Streifen schneiden und die Knoblauchzehen fein hacken. Die Nudeln 4 bis 5 Minuten (Spaghetti 12 Minuten) in kochendem Salzwasser garen, abgießen, kalt abschrecken und auf einem Sieb abtropfen lassen. Den halben Bouillonwürfel in der Brühe auflösen.

Das Öl im Wok erhitzen. Den Ingwer, die Zwiebel, die abgetropften Garnelen sowie die Fleischstreifen einstreuen und über starker Hitze 2 Minuten pfannenrühren. Die Meeresfrüchte unterheben und über mittlerer Hitze 2 Minuten unter ständigem

Rühren braten. Danach etwa die Hälfte des Wokinhalts herausheben und für die Garnitur bereithalten.

Anschließend den Bratensaft und die Brühe in den Wok gießen, zum Kochen bringen und die angerührte Speisestärke einrühren, um die Sauce zu binden. Die Nudeln (oder die Spaghetti) in die Sauce geben und über gelinder Hitze in 4 bis 5 Minuten fertig garen. Die Nudeln samt der Sauce in 3 bis 5 Portionsschalen verteilen und warm halten.

Den Wok mit einem feuchten Tuch auswischen, das Schmalz hineingeben und erhitzen. Den Knoblauch und die Lauchzwiebeln einstreuen und in dem heißen Fett wenden. Die für die Garnitur bereitgehaltenen Zutaten unterheben, mit der Sojasauce und dem Sherry beträufeln, und alles noch 1 Minute pfannenrühren. Anschließend über die Nudeln in den Portionsschalen verteilen und auftragen.

Solche Nudeln schmecken einfach himmlisch!

»Nudeln in Suppe« oder Nudeleintöpfe

»Nudeln in Suppe« sind ein typisches chinesisches Eintopfgericht. Sie sind eine Mahlzeit für sich, die besonders im Winter den hungrigen Magen angenehm wärmt und füllt. Vorausgesetzt, daß man Nudeln und eine kräftige Brühe zur Hand hat, kann man diese Eintöpfe aus nur wenigen weiteren Zutaten, wie sie sich wohl in jeder Küche finden, zusammenstellen. Dem geschickten Koch bleibt es überlassen, in einen solchen Nudeltopf alles hineinzutun, was zum Grundgeschmack der Suppe paßt.

Einen Nudeleintupf kann man aus den gleichen Zutaten zubereiten wie »Nudeln in Sauce«. Man benötigt dann weniger Garnitur, aber entsprechend mehr Brühe — etwa 1 Liter für 3 bis 4 Personen — würzt diese zusätzlich mit 1½ Bouillonwürfeln, da Nudeln viel Aroma schlucken, und verzichtet auf das Andicken mit Speisestärke.

Auch die Suppen auf den Seiten 78—87 können zu Nudeleintöpfen abgewandelt werden, indem man einfach vorgegarte und gut abgetropfte Nudeln zum Schluß hineingibt und einige Minuten in der Brühe mitkocht. Auch hierbei sollte man stärker würzen, da die Nudeln sonst zu neutral schmecken, also 1 EL Sojasauce, einen weiteren Bouillonwürfel und 1 EL feingeschnittene Lauchzwiebeln zufügen. Falls getrocknete Pilze verwendet werden, sollte man ihr Einweichwasser als zusätzliche Würze mitverwenden.

Einfacher Nudeleintopf

Für 3 bis 4 Personen

2 Scheiben Frühstücksspeck (oder 100 g Schinken)

2—3 mittelgroße Champignons

100 g Hühner-, Schweine-, Rind- oder Lammfleisch (Bratenreste)

1 kleine Gewürzgurke

200 g Blattspinat (oder zarte Kohlblätter)

400—600 g chinesische Nudeln (oder Spaghetti)

1 mittelgroße Zwiebel · 2 EL Speiseöl · 1 TL Salz

1 l kräftige Brühe · 1½ Hühnerbouillonwürfel · 1½ EL Sojasauce

1 EL Schmalz oder Butter · 2 Lauchzwiebeln

1—2 EL trockener Sherry

Den entrindeten Frühstücksspeck, die Fleischreste, die geputzten Champignons, die Gewürzgurke und den gewaschenen Spinat oder Kohl in streichholzdünne Streifen, die Zwiebel in sehr feine Scheiben und die geputzten Lauchzwiebeln in 2,5 cm lange Stücke schneiden. Die Nudeln 6 Minuten (Spaghetti 12 Minuten) in kochendem Salzwasser vorgaren, abschütten, kalt abspülen und gründlich abtropfen lassen.

Das Öl im Wok erhitzen. Die Zwiebelscheiben und Speckstreifen ins heiße Fett streuen und 1 Minute pfannenrühren. Jetzt das Fleisch, die Pilze, die Gewürzgurke und den Spinat hinzufügen und über starker Hitze 1½ Minuten weiterrühren. Salzen und weitere 1½ Minuten pfannenrühren. Danach etwa die Hälfte des Wokinhalts herausnehmen und für die Garnitur warm stellen. Anschließend die Brühe in den Wok gießen. Unter Rühren zum Kochen bringen, und die vorgegarten Nudeln unterheben. Über gelinder Hitze 5 bis 6 Minuten sacht kochen lassen. Danach in 3 bis 4 große Portionsschalen verteilen und warm halten. Inzwischen den Wok mit einem feuchten Tuch auswischen. Das Schmalz oder die Butter hineintun und heiß werden lassen. Die geschnittenen Lauchzwiebeln, die restliche Sojasauce und die bereitgehaltenen Garniturzutaten zufügen und über starker Hitze 1 Minute pfannenrühren. Anschließend über die »Nudeln in Suppe« verteilen und sofort servieren.

Nudeleintopf
mit geschmortem Rindfleisch
Für 3 bis 4 Personen

Als Grundlage dient das Rezept »Nudeln in Sauce mit geschmortem Rindfleisch« auf Seite 107.
Man benötigt hier jedoch 1 l Brühe, die mit 1½ Bouillonwürfeln verstärkt wird. Die Brühe wird nicht mit Speisestärke gebunden. Das in mundgerechte Stücke geschnittene geschmorte Rindfleisch wird geteilt. Die eine Hälfte wird mit den vorgegarten Nudeln 6 bis 7 Minuten über gelinder Hitze in der Brühe gekocht. Die andere Hälfte mit dem Spinat im heißen Öl und nur der Hälfte der Butter pfannengerührt und anschließend als Garnitur über den Nudeleintopf verteilt.

Nudeleintopf
mit geschmortem Schweinefleisch

Für 3 bis 4 Personen

Als Grundlage dient das Rezept für »Nudeln in Sauce mit geschmortem Schweinefleisch« auf Seite 108.

Das in mundgerechte Stücke geschnittene, geschmorte Schweinefleisch wird geteilt. Die eine Hälfte wird zusammen mit den vorgegarten Nudeln in 1 l Brühe, die mit 1½ Bouillonwürfeln verstärkt, jedoch nicht mit Speisestärke gebunden wird, etwa 5 Minuten gekocht. Die andere Hälfte wird mit dem Staudensellerie, den Lauchzwiebeln sowie den anderen Zutaten im Öl und der Hälfte der angegebenen Schmalzmenge pfannengerührt. Als Garnitur über die in große Portionsschalen verteilte Nudelsuppe legen.

Nudeleintopf mit Garnelen
und Hackfleisch

Für 3 bis 4 Personen

400—600 g chinesische Nudeln (oder Spaghetti)

1 mittelgroße Zwiebel · 1 kleine Gewürzgurke

2 Knoblauchzehen · 1½ EL Speiseöl

200 g Hackfleisch vom Schwein oder Rind

1 TL Salz · 100 g tiefgefrorene Tiefseegarnelen

1 l kräftige Brühe · 1½ Hühnerbouillonwürfel

1 kleines Bund Brunnenkresse

1½ EL Schmalz oder Butter · 100 g tiefgefrorene Erbsen

1½ EL Sojasauce · 2 EL trockener Sherry oder Wein

Die Nudeln in kochendem Salzwasser 6 bis 7 Minuten garen, herausheben, kalt abspülen und auf einem Sieb abtropfen lassen. Die Zwiebel sowie die Gewürzgurke würfeln und den Knoblauch fein hacken. Die Brunnenkresse waschen, abtropfen lassen und die Blätter von den Stielen zupfen.

Das Öl im Wok erhitzen. Die Zwiebelwürfel und das Hackfleisch hineingeben, salzen und 2 Minuten über starker Hitze pfannenrühren. Danach die Gurkenwürfel und die zuvor aufgetauten und trockengetupften Garnelen zufügen. Weitere 2 Minuten pfannenrühren. Etwa zwei Drittel herausnehmen und warm gestellt für die Garnitur bereithalten.

Die Brühe in den Wok gießen und die Bouillonwürfel, die Brunnenkresse sowie die Nudeln einrühren. Zum Kochen bringen und über reduzierter Hitze 5 bis 6 Minuten sacht kochen lassen. Anschließend in 3 bis 4 große Portionsschalen verteilen und warm halten.

Den Wok mit einem feuchten Tuch auswischen und das Schmalz hineingeben. Wenn es zerlaufen ist, den gehackten Knoblauch und die aufgetauten Erbsen einstreuen. Über starker Hitze 1½ Minuten pfannenrühren. Anschließend die für die Garnitur bereitgehaltenen Zutaten sowie die Sojasauce zufügen. Nochmals 1½ Minuten auf großer Flamme pfannenrühren. Zum Schluß mit dem Sherry oder dem Wein beträufeln und als Garnitur über die Nudelsuppe in den Schalen verteilen.

Dies ist kein aufwendiges, aber ein leckeres und herzhaftes Gericht, das für 2 bis 3 weitere Esser ausreicht, wenn man entsprechend mehr Nudeln nimmt.

Fischgerichte

Vielleicht besser noch als Fleisch läßt sich Fisch im Wok zubereiten. Denn Fisch benötigt keine langen Garzeiten, und der Wok ist das ideale Gerät zum schnellen Garen. Natürlich eignet er sich auch zum langsamen Schmoren, wie die vorausgehenden Rezepte verdeutlichen, und man kann in ihm auch dämpfen, wie wir später sehen werden.

Schnell gebratene und geschmorte Fischgerichte

Schnell gebratener und geschmorter Fisch mit Ingwer und Lauchzwiebeln

Für 4 bis 6 Personen (mit Reis und 1 oder 2 weiteren Gerichten)
400–600 g Fischfilet (von Heilbutt, Kabeljau, Lachs, Seeaal oder Schellfisch)
1 ½ TL Salz · 1 ½ EL Speisestärke
2 ½ EL Speiseöl · 3 Scheiben Ingwerwurzel
3 Lauchzwiebeln · 2 ½ EL Sojasauce
1 EL Weißweinessig · 2 EL trockener Sherry · 1 TL Zucker
1 EL Schmalz oder Butter · 2 EL Brühe

Den Fisch in 5×4 cm große Stücke schneiden. Diese mit dem Salz, der Speisestärke und ¾ EL Öl einreiben und etwa 15 Minuten ruhen lassen. Den Ingwer in feine Streifen und die Lauchzwiebeln in kurze Späne schneiden. Jeweils die Hälfte der Ingwerstreifen und Zwiebelspäne abnehmen und mit der Sojasauce, dem Essig, dem Sherry oder Wein sowie dem Zucker zu einer Würzsauce verrühren.

Das Schmalz oder die Butter mit dem restlichen Öl im Wok erhitzen. Die restlichen Ingwerstreifen und Lauchzwiebelspäne im heißen Fett 1 Minute pfannenrühren, um es zu aromatisieren. Die Fischstücke nacheinander ins heiße Fett legen und von jeder Seite 1 Minute anbraten. Nicht pfannenrühren, sondern nur wenden, damit der Fisch nicht zerfällt.

Die Brühe und die angerührte Würzsauce über die angebratenen Fischstücke gießen und zum Kochen bringen, dabei die Fischstücke vorsichtig in der Sauce wenden. Zugedeckt 3 Minuten auf kleiner Flamme garen.

Den Fisch in eine vorgewärmte tiefe Schüssel geben, mit der Schmorsauce übergießen und servieren.

Ein würziges Fischragout, das besonders gut zu einfachem gekochten Reis paßt und auch diejenigen überzeugt, die nicht so gern Fisch essen.

Schnell gebratener und geschmorter Fisch in scharfer Sojabohnensauce

Die Zubereitung erfolgt mit den gleichen Zutaten und nach der gleichen Methode wie im vorigen Rezept.

In die Würzsauce werden noch 2 TL fermentierte schwarze Sojabohnen, die zuvor 10 Minuten eingeweicht wurden, sowie 1 TL Chilisauce und 4 EL Wasser gerührt.

Nach dem Anbraten werden die Fischstücke aus dem Wok gehoben und warm gehalten. Inzwischen gießt man die Würzsauce in den Wok und kocht sie unter ständigem Rühren 1½ Minuten auf. Danach legt man die Fischstücke wieder hinein, und läßt sie noch weitere 4 Minuten ohne Deckel (oder 2 Minuten mit Deckel) in der Sauce ziehen.

Dieses Gericht ist noch pikanter als das vorherige und etwas für Liebhaber scharf gewürzter Speisen.

Schnell gebratener und geschmorter Fisch in süß-saurer Sauce

Für 4 bis 6 Personen
(mit Reis und 1 bis 2 weiteren Gerichten)

400—600 g Fischfilet (von Heilbutt, Kabeljau, Lachs, Seeaal oder Schellfisch)

1½ TL Salz · 1½ EL Speisestärke

2½ EL Speiseöl · 1 mittelgroße grüne Paprikaschote

3 Scheiben Ingwerwurzel · 3 Lauchzwiebeln

2 EL Zucker · 3 EL Weinessig · 2 EL Tomatenmark

3 EL frisch gepreßter Orangensaft · 1½ EL Sojasauce

1½ EL Speisestärke (angerührt mit 6 EL kaltem Wasser)

1 EL Schmalz oder Butter · 2 EL Brühe

Das Fischfilet in 5×4 cm große Stücke schneiden. Diese mit dem Salz, der Speisestärke und ¾ EL Öl einreiben und etwa 15 Minuten ruhen lassen. Die Paprikaschote waschen, halbieren und den Samenstand entfernen. Das Fruchtfleisch in 2,5 × 1 cm große Rechtecke schneiden. Den Ingwer in feine Streifen und die Lauchzwiebeln in kurze Späne schneiden. Jeweils die Hälfte der Ingwerstreifen und der Zwiebelspäne abnehmen und mit dem Zucker, dem Weinessig, dem Tomatenmark, dem Orangensaft, der Sojasauce und der angerührten Speisestärke zu einer Würzsauce verrühren.

Das Schmalz oder die Butter sowie das restliche Öl im Wok erhitzen. Die restlichen Ingwerstreifen und Lauchzwiebelspäne einstreuen und 1 Minute pfannenrühren. Die Fischstücke nacheinander ins heiße Fett legen und von jeder Seite 1 Minute anbraten. (Nicht pfannenrühren, nur wenden, damit der Fisch nicht zerfällt.) Die gebratenen Fischstücke herausnehmen und warm halten.

Inzwischen die Paprikastücke in den Wok geben und kurze Zeit pfannenrühren. Die angerührte Würzsauce zugießen und unter Rühren aufkochen, bis die Sauce bindet. Die Fischstücke sofort zufügen und über reduzierter Hitze 2 bis 3 Minuten in der Sauce ziehen lassen. In einer vorgewärmten tiefen Schüssel servieren.

Gedünstete Fischscheiben
in Soja-Jus

Für 4 bis 6 Personen
(mit 1 bis 2 weiteren Gerichten)

400—600 g Fischfilet (von Seezungen, Scholle, Heilbutt)

1½ TL Salz · 1 EL Speisestärke · ½ Eiweiß

6 große Champignons (oder getrocknete Tongu-Pilze)

2 Scheiben Ingwerwurzel · 2 Lauchzwiebeln

2½ EL Speiseöl · 1 EL Schmalz

FÜR DIE SAUCE:

6 EL Bratensaft (Jus) von »rotgeschmortem« Fleisch

2 EL Brühe · 1 TL Zucker · 1 EL Sojasauce

2 EL Sherry oder Wein

Das Fischfilet in 5×2,5 cm große Rechtecke schneiden. Die Stücke mit Salz und Speisestärke einreiben, anschließend in leicht verquirltem Eiweiß wenden und 10 Minuten ruhen lassen. Inzwischen von den Pilzen die Stiele entfernen und die Kappen halbieren. (Falls getrocknete Pilze verwendet werden, diese zuvor 30 Minuten in heißem Wasser einweichen.) Die geschälte Ingwerwurzel in feine Streifen und die geputzten Lauchzwiebeln in kleine Späne schneiden. Für die Sauce alle Zutaten miteinander verrühren.

Das Öl mit dem Schmalz im Wok erhitzen. Den Ingwer und die Pilze ins heiße Fett geben und 2 Minuten pfannenrühren.

Anschließend die Lauchzwiebeln und die angerührte Würzsauce zufügen und unter ständigem Rühren zum Kochen bringen. Die vorbereiteten Fischstücke vorsichtig unter die Sauce heben und 4 Minuten über gelinder Hitze garen, dabei etwa jede Minute wenden.

Hühnchen mit Pilzen und Sojabohnensprossen (Rezept Seit 54)

In einer vorgewärmten Schüssel servieren, damit sich die Gäste selbst bedienen können.

Gedünstete Fischscheiben in Pekinger Weinsauce

Für 4 bis 6 Personen
(mit Reis und 1 bis 2 weiteren Gerichten)

400—600 g Fischfilet (Seezunge, Scholle, Heilbutt)

1½ TL Salz · 1 EL Speisestärke · ½ Eiweiß

---

3 große Champignons (oder getrocknete Tongu-Pilze)

---

1 Scheibe Ingwerwurzel · 1 Lauchzwiebel

2½ EL Speiseöl · 1 EL Schmalz oder Butter

FÜR DIE SAUCE:

---

6 EL kräftige Hühnerbrühe

---

4 EL chinesischer Reiswein (oder trockener Weißwein)

---

1 TL Zucker · 2 TL Speisestärke

Wie im vorigen Rezept das Fischfilet in 5×2,5 cm große Rechtecke schneiden, mit Salz und Speisestärke einreiben, in leicht verquirltem Eiweiß wenden und 10 Minuten ruhen lassen. Von den Pilzen die Stiele entfernen (getrocknete Pilze vorher 10 Minuten in heißem Wasser einweichen) und die Kappen halbieren. Die geschälte Ingwerwurzel in dünne Streifen und die geputzte Lauchzwiebel in feine Späne schneiden. Die Zutaten für die Sauce in einer kleinen Schale miteinander verrühren.

Das Öl zusammen mit dem Schmalz im Wok erhitzen. Die Ingwer- und Zwiebelstreifen sowie die Pilze einstreuen und 1½ Minuten pfannenrühren. Die angerührte Würzsauce zugießen, zum Kochen bringen und so lange rühren, bis die Sauce bindet.

Anschließend die gewürzten Fischscheiben in die siedende Sauce legen und 4 bis 5 Minuten darin garen. Dabei einige Male vorsichtig wenden. In einer vorgewärmten tiefen Schüssel auftragen. Im Gegensatz zu den mit Sojasauce gewürzten Speisen ist dies ein Gericht von heller Farbe, das ausgezeichnet zu einfachem gekochten Reis schmeckt und zusammen mit 1 bis 2 weiteren Gerichten ein vollständiges chinesisches Essen abgibt.

Gerösteter scharfgewürzter Fisch

Für 4 bis 5 Personen
(mit 1 bis 2 weiteren Gerichten)

400—600 g Sardinen, Sprotten, kleine grüne Heringe

2 TL Salz · 3 Scheiben Ingwerwurzel

5—6 EL Speiseöl · 4—5 EL Schmalz

FÜR DIE SAUCE:

1 EL fermentierte schwarze Sojabohnen

2 feingehackte Lauchzwiebeln · 2 TL Chilisauce

2 EL Brühe · 2 EL Weinessig · 2 EL trockener Wein

Die küchenfertig vorbereiteten Fische mit Salz und feingehacktem Ingwer einreiben. Mindestens 3 bis 4 Stunden, besser noch über Nacht, kühl gestellt ziehen lassen. Die fermentierten Sojabohnen 10 Minuten in 5 EL Wasser einweichen. Alle Saucenzutaten in einer kleinen Schale miteinander verrühren.

Das Öl zusammen mit dem Schmalz im Wok erhitzen. Die Fische ins heiße Fett tauchen und über mittlerer Hitze unter vorsichtigem Rühren und Wenden 8 bis 9 Minuten rösten, bis sie kroß sind. Anschließend das Fett abgießen und die angerührte Würzsauce über die Fische gießen. Zum Kochen bringen und die Fische darin wenden. Wenn die Sauce fast verkocht ist, die Fische aus dem Wok nehmen und auf einer feuerfesten Platte im 200 °C heißen Ofen in 6 bis 7 Minuten knusprig rösten.

Man ißt die gerösteten Fische am besten mit einer großen Menge Reis, da sich ihre scharfe Würze gut von dem neutralen Reisgeschmack abhebt.

Fisch in süß-scharfer Sauce

Für 4 bis 6 Personen (mit 1 bis 2 weiteren Gerichten)
600—800 g Fischfilet (vom Kabeljau, Heilbutt, Schellfisch, Karpfen)
2 TL Salz · 3 Scheiben Ingwerwurzel
1½ EL Speisestärke · 2—3 Scheiben Frühstücksspeck
1 mittelgroße grüne oder rote Paprikaschote
1—2 Chilischoten · 4 getrocknete Tongu-Pilze
1 EL fermentierte schwarze Sojabohnen
2 Lauchzwiebeln · 4 EL Speiseöl
1 mittelgroße Zwiebel · 1½ EL Schmalz
50—75 g gehacktes Schweinefleisch · 2 EL Tomatenmark
1½ EL Sojasauce · 1 EL Zucker
3 EL trockener Sherry oder Rotwein · 5—6 EL Brühe

Das Fischfilet in etwa 5 cm große Würfel schneiden. Die Fischwürfel mit Salz und feingehacktem Ingwer einreiben, mit der Speisestärke bestäuben und 10 Minuten ruhen lassen.

Inzwischen den Frühstücksspeck entrinden und in streichholzdünne Streifen schneiden. Die Paprikaschote waschen, halbieren und den Samenstand entfernen. Das Fruchtfleisch in etwa 2,5 cm große Stücke schneiden. Die Chilischoten halbieren, die Samen auskratzen und das Fruchtfleisch fein hacken.

Die Tongu-Pilze 10 Minuten in heißem Wasser einweichen. Danach die zähen Stiele entfernen und die Kappen grob zerschneiden. Die fermentierten schwarzen Sojabohnen 5 Minuten einweichen, anschließend abgießen. Die Lauchzwiebeln in 12 mm lange Späne schnitzeln.

Das Öl im Wok erhitzen. Die Zwiebelspäne sowie die Speckstreifen ins heiße Öl streuen und 2 Minuten pfannenrühren. Die Fischwürfel hineinlegen und unter vorsichtigem Wenden 4 Minuten braten. Herausheben und warm stellen.

Überschüssiges Öl aus dem Wok gießen. Das Schmalz hineingeben, heiß werden lassen und das gehackte Schweinefleisch sowie die Pilze und die Chilischoten zufügen. Über starker Hitze 3 bis 4 Minuten pfannenrühren. Anschließend die fermentierten Sojabohnen, das Tomatenmark, die Sojasauce und den Zucker hineingeben und mit den anderen Zutaten sämig rühren. Den Wein und die Brühe zugießen und unter weiterem Rühren zum Kochen bringen.

Die Fischwürfel unter die dickflüssige Sauce heben und über reduzierter Hitze darin noch 4 bis 5 Minuten ziehen lassen. Die Fischwürfel in eine vorgewärmte tiefe Schüssel geben, mit der Sauce überziehen und mit den Lauchzwiebeln bestreuen.

Wegen seiner deftigen Schärfe sollte man dieses Gericht mit viel Reis essen.

Fische in Brühe

Es gibt noch eine andere Art von chinesischen Fischgerichten, die im Wok zubereitet werden. Dafür richtet man den Fisch so in einer würzigen Brühe an, daß es aussieht, als schwimme er in seinem natürlichen Element. Verschiedene Gemüse und Würzzutaten umgeben ihn wie Zweige und Wasserpflanzen in einem Teich oder in einem Fluß. Es sind sehr dekorative Gerichte, an deren Anblick sich die Gäste ebenso ergötzen wie bei deren Genuß.

Fisch in Brühe mit Gemüse und Glasnudeln

Für 5 bis 6 Personen
(mit 1 bis 2 weiteren Gerichten)

---

1 ganzer Fisch von 600—800 g (Regenbogenforelle, Seeforelle, Meerbarbe, Karpfen oder Hering)

---

2 TL Salz · 3 Scheiben Ingwerwurzel

2—3 »Goldnadeln« (Taglilienknospen) · 100 g Glasnudeln

2—3 Scheiben Frühstücksspeck · 200 g Rosenkohl

---

3 Lauchzwiebeln · 5—6 EL Speiseöl · 750 ml kräftige Brühe

---

1 Hühnerbouillonwürfel · 1 TL Sesamöl

Den Fisch schuppen, ausnehmen und die Kiemen entfernen. Unter fließendem Wasser abspülen und trockentupfen. Mit Salz sowie feingehacktem Ingwer einreiben und 30 Minuten ruhen lassen. Die »Goldnadeln« in 5 cm lange Stücke schneiden, zusammen mit den Glasnudeln 10 Minuten in kaltem Wasser einweichen und abtropfen lassen. Den Frühstücksspeck entrinden und in streichholzdünne Streifen schneiden. Den Rosenkohl — es sollen möglichst kleine Röschen verwendet werden — putzen, waschen und abtropfen lassen. Die geputzten Lauchzwiebeln in 5 cm lange Stücke schneiden.

Das Öl im Wok erhitzen. Die Speckstreifen ins heiße Öl streuen und kurz pfannenrühren. Den Fisch im ganzen ins heiße Fett legen und 3 Minuten lang ständig mit dem heißen Fett begießen. Danach wenden und auch die andere Seite des Fisches weitere

2 bis 3 Minuten mit dem heißen Fett begießen. Den Fisch vorsichtig herausheben und warm halten.

Überschüssiges Öl aus dem Wok gießen. Die Kohlröschen einstreuen und etwa 2 Minuten pfannenrühren. Danach die Hälfte der Lauchzwiebelstücke, die Brühe, den Bouillonwürfel und die Nudeln einrühren und zum Kochen bringen. Den Fisch in die Brühe einlegen und über reduzierter Hitze etwa 12 Minuten garen.

Die Suppe und den Fisch vorsichtig in eine Terrine umfüllen. Mit dem Sesamöl beträufeln und mit den restlichen Lauchzwiebeln bestreuen und auftragen.

Fisch in Brühe mit Tofuwürfeln und Tongu-Pilzen

Für 5 bis 6 Personen (mit 1 bis 2 weiteren Gerichten)
1—2 ganze Fische von zusammen 600—800 g
2 TL Salz · 3 Scheiben Ingwerwurzel · 1 mittelgroße Zwiebel
2 Scheiben Frühstücksspeck · 2 Block Tofu
5—6 getrocknete Tongu-Pilze · 2 Knoblauchzehen
2 Frühlingszwiebeln · 5—6 EL Speiseöl · 750 ml kräftige Brühe
1 Hühnerbouillonwürfel
4—5 EL trockener Weißwein (oder trockener Sherry)
1 EL Sojasauce · 1 TL Sesamöl

Wie im vorigen Rezept den Fisch vorbereiten. Mit Salz und feingehacktem Ingwer einreiben und 30 Minuten bis 1 Stunde ruhen lassen. Die Zwiebel in feine Scheiben, den entrindeten Frühstücks-speck in streichholzdünne Streifen und den Tofu in zuckerwür-felgroße Stücke schneiden. Die getrockneten Pilze in heißem Wasser 30 Minuten einweichen. Die zähen Stiele entfernen und die Kappen vierteln. Den Knoblauch fein hacken oder durch die Knoblauchpresse treiben. Die geputzten Lauchzwiebeln in 6 mm kurze Späne schnitzeln.

Das Öl im Wok erhitzen. Die Zwiebelscheiben und Speckstreifen ins heiße Öl streuen und 2 Minuten pfannenrühren. Den Fisch hineinlegen und 3 bis 4 Minuten unter mehrmaligem vorsichti-gen Wenden braten.

Anschließend das überschüssige Öl ab- und die Brühe angießen. Den Bouillonwürfel, die Pilze sowie den Knoblauch einrühren, zum Kochen bringen und über gelinder Hitze 10 Minuten sacht kochen lassen. Danach den Wein, die Sojasauce und die Lauch-zwiebeln zufügen. Nochmals 2 bis 3 Minuten auf kleiner Flamme ziehen lassen und zuletzt mit dem Sesamöl beträufeln. In eine ovale Terrine füllen und in die Tischmitte setzen, damit sich die Gäste bedienen können.

Gerichte
von Krustentieren

Riesengarnelen
in süß-scharfer Sauce

Für 4 bis 6 Personen
(mit 1 bis 2 weiteren Gerichten)

500—600 g Riesengarnelenschwänze
(frisch oder tiefgefroren)

1½ TL Salz · 2 Scheiben Ingwerwurzel

1 mittelgroße Zwiebel · 3 TL fermentierte schwarze Sojabohnen

4 EL Speiseöl · 50 g gehacktes Schweinefleisch

¾ EL Sojasauce · 1½ EL Tomatenmark · 1½ TL Zucker

1 TL Chilisauce · 3 EL Rotwein · 3 EL kräftige Brühe

Die nicht aus den Schalen gebrochenen Garnelenschwänze unter
fließendem Wasser abspülen und trockentupfen. Mit Salz und dem
zuvor feingehackten Ingwer einreiben. Die Zwiebel würfeln. Die
fermentierten Sojabohnen 5 Minuten in kaltem Wasser einweichen
und anschließend abtropfen lassen.
Das Öl im Wok erhitzen. Die Zwiebelwürfel hineinstreuen und
über starker Hitze 1 Minute pfannenrühren. Die Garnelen zufügen und 3 Minuten pfannenrühren, herausheben und bereithalten.

Anschließend die fermentierten Sojabohnen und das gehackte Schweinefleisch zusammen 1 Minute lang im Wok über starker Hitze mischen. Danach die Sojasauce, das Tomatenmark, den Zucker, die Chilisauce, den Rotwein und die Brühe zugeben und alles zu einer sämigen Sauce verrühren.

Die Sauce zum Kochen bringen und die Garnelen wieder zufügen. Unter ständigem Rühren die Sauce auf großer Flamme schnell — in etwa 1½ Minuten — um mehr als die Hälfte einkochen, bis sie die Garnelenschwänze fast geleeartig überzieht. Die Garnelen auf einer vorgewärmten Platte anrichten und als Appetithappen zu Drinks oder als Hauptgericht zu Reis servieren.

Das Vergnügen, Garnelen auf diese Art zu essen, besteht nicht zuletzt darin, die köstliche Sauce von den Schalen zu schlecken, bevor man das zarte Schwanzfleisch auslöst.

Garnelen mit feinen Erbsen

Für 4 bis 5 Personen (mit 1 bis 2 weiteren Gerichten)
500—600 g ausgelöste Tiefseegarnelen · ½ TL Salz
2 Scheiben Ingwerwurzel · 2 Lauchzwiebeln
2 EL Schmalz · ½ EL Speiseöl
100—300 g extrazarte Erbsen (frisch oder tiefgefroren)
½ TL Zucker · 2 EL kräftige Brühe · 2 EL Weißwein
1½ EL Sojasauce · 1 TL Sesamöl

Die ausgelösten Garnelen salzen und mit dem zuvor geschälten und feingehackten Ingwer vermischen. Die geputzten Lauchzwiebeln in 6 mm lange Späne schnitzeln.

Das Schmalz zusammen mit dem Öl im Wok erhitzen. Die Garnelen zufügen und über starker Hitze 1½ Minuten pfannenrühren, herausheben und bereithalten.

Die geschnitzelten Lauchzwiebeln mit den Erbsen in den Wok geben und 1½ Minuten pfannenrühren. Den Zucker, die Brühe, den Wein sowie die Sojasauce zufügen und unter Rühren schnell zum Kochen bringen. Die Garnelen wieder hineingeben und 1½ Minuten mit den anderen Zutaten über reduzierter Hitze mischen. Zuletzt mit dem Sesamöl beträufeln und sofort in einer vorgewärmten Schüssel auftragen.

Ein ausgezeichnetes Gericht, das man in China gern als Appetithappen zu Drinks reicht. Man kann es jedoch auch mit 1 bis 2 weiteren Gerichten zu Reis servieren.

In der chinesischen Küche werden Hummer und Krebse auf die gleiche Art zubereitet. Für die beiden folgenden Rezepte können deshalb Hummer oder Krebse verwendet werden.

Hummer (oder Krebs) mit Ingwer und Zwiebeln nach Kantonesischer Art

Für 4 bis 5 Personen

1 Hummer von 1,25—1,5 kg (oder 1 Krebs von 800—1000 g)

2 mittelgroße Zwiebeln · 4 Scheiben Ingwerwurzel

3 Lauchzwiebeln · 6—8 EL Speiseöl

4 EL gehacktes Schweinefleisch · 1 TL Salz

6 EL kräftige Brühe · 2 EL Sojasauce · 4 EL trockener Sherry

Den Hummer (oder den Krebs) unter fließendem Wasser gründlich abbürsten. Danach 2 Minuten in reichlich sprudelnd kochendes Wasser geben, um ihn abzutöten. Mit einem scharfen Küchenbeil den Hummer längs halbieren und quer in etwa 7,5 cm lange Stücke teilen. Die Scheren mit der flachen Klinge des Beils anknacken.

Falls man einen Krebs verwendet, wird er, nachdem er aus dem kochenden Wasser gehoben wurde, halbiert und in 6 bis 8 Stücke mit je einem anhängenden Bein geteilt.

Die Zwiebeln in hauchdünne Scheiben, die geschälte Ingwerwurzel in dünne Streifchen und die geputzten Lauchzwiebeln in 5 cm lange Stücke schneiden.

Das Öl im Wok erhitzen. Die Zwiebelscheiben und die Ingwerstreifen zusammen mit dem zerteilten Hummer (oder dem zerteilten Krebs) ins heiße Öl geben und 4 bis 5 Minuten über starker Hitze pfannenrühren. Die Hummer oder Krebsstücke herausheben und überschüssiges Öl abgießen.

Anschließend das gehackte Schweinefleisch in den Wok geben, salzen und auf großer Flamme 1½ Minuten pfannenrühren. Die Brühe, die Sojasauce und den Sherry angießen und unter ständigem Rühren zum Kochen bringen.

Die Hummer- oder Krebsstücke zurück in den Wok geben, mit den Lauchzwiebeln bestreuen und einige Male in der sämigen Sauce wenden. Den Wokdeckel auflegen und den Hummer 3 Minuten über starker Hitze garen. Den Deckel abheben, die Hummerstücke nochmals in der Sauce wenden und sofort servieren.

Das Rezept kann man abwandeln, indem man zuletzt ein mit 5 bis 6 EL Brühe verquirltes Ei in die Sauce rührt, um sie noch gehaltvoller zu machen. Diese Mischung gießt man unmittelbar nach dem Anheben des Deckels über die Hummerstücke, wendet sie darin ein- oder zweimal und serviert sie.

Dieses Hummergericht ist schnell und einfach zuzubereiten. Aber die Sauce ist mit das Köstlichste, was es auf diesem kulinarischen Gebiet gibt. Für eine chinesische Tafelrunde besteht das große Eßvergnügen darin, das Hummmerfleisch im Mund aus den mit

der aromatischen Sauce überzogenen Schalen zu schlecken —
wozu ein Europäer allerdings etwas Übung braucht.

Hummer in
schwarzer Sojabohnensauce
nach Kantonesischer Art

Für 4 bis 5 Personen

1 Hummer von 1,25—1,5 kg (oder 1 Krebs von 800—1000 g)

2 mittelgroße Zwiebeln · 4 Scheiben Ingwerwurzel

3 Lauchzwiebeln · 6—8 EL Speiseöl

4 EL gehacktes Schweinefleisch

1 EL fermentierte schwarze Sojabohnen

6 EL kräftige Brühe · 1 EL Sojasauce · 1 TL Chilisauce

4 EL trockener Sherry

Dieses Gericht für Liebhaber scharf gewürzter Speisen wird auf
die gleiche Art wie das vorherige zubereitet.
Die Menge der Sojasauce wird um 1 EL reduziert. Dafür wird
1 EL fermentierte schwarze Sojabohnen zusammen mit dem gehackten Schweinefleisch im Wok verrührt, bevor die Brühe und
die Sojasauce sowie zusätzlich 1 EL Chilisauce zugegossen werden.
Erst abschmecken, dann eventuell noch salzen, da die fermentierten Sojabohnen bereits recht salzig sind. Kein verquirltes Ei zufügen, da es das Aussehen und die deftige Würze der Sauce beein-
trächtigen würde.

Würfel von
Jakobsmuscheln, Schweinefleisch,
Hühnerleber und Gurken

Für 4 bis 6 Personen
(mit 1 bis 2 weiteren Gerichten)

100 g Hühnerleber · 200 g Schweinefilet

3—4 ausgelöste Jakobsmuscheln (nur die weiße Nuß)

1 Stück Salatgurke von 8 cm Länge

2 Scheiben Ingwerwurzel · 2 Knoblauchzehen

1 kleine Gewürzgurke · 1½ TL Salz · 2 EL Speiseöl

1 EL Schmalz · 1½ EL Sojasauce

2 EL kräftige Brühe · 2 EL trockener Sherry

Die Hühnerleber, das Schweinefilet, das Jakobsmuschelfleisch und die geschälte Gurke in ½ cm große Würfel schneiden. Den geschälten Ingwer, die Knoblauchzehen und die Gewürzgurke getrennt fein hacken. Die Leber-, Fleisch- und Muschelwürfel miteinander vermischen, mit Salz und dem gehackten Ingwer würzen und 15 Minuten ruhen lassen.

Das Öl zusammen mit dem Schmalz im Wok erhitzen. Den gehackten Knoblauch, die Fleisch- und die Leberwürfel ins heiße Fett streuen und 1½ Minuten über starker Hitze pfannenrühren. Die gewürfelten Jakobsmuscheln zufügen und nochmals 1 Minute pfannenrühren. Danach die gebratenen Würfel auf die Seite schieben.

Die Gurkenwürfel auf den Wokboden streuen und mit der Sojasauce, der Brühe und dem Sherry beträufeln. Schnell aufkochen und mit allen anderen Zutaten 2 Minuten auf großer Flamme mischen. In eine vorgewärmte Schüssel geben und sofort servieren.

Eierspeisen

Eier werden entweder schnell in Butter oder Schmalz pfannen-gerührt oder kurz über Dampf gegart. Wenn man sie über Dampf gart, werden sie vorher gewöhnlich mit Brühe verquirlt und ergeben eine pikante Eiercreme — eine Art würzigen Eier-stichs, der ausgezeichnet zu Reis schmeckt.

Wenn man sie schnell im Wok pfannenrührt, fügt man gewöhn-lich zum Schluß einige Tropfen trockenen Sherry oder gelben Reiswein sowie etwas feingeschnittenen Schnittlauch oder Lauchzwiebeln hinzu, um der Speise eine appetitliche Würze zu geben. Dabei sollte man jedoch beachten, daß man chinesische Eierspeisen niemals so fest werden läßt wie etwa ein spanisches Omelett. Wenn sie zu etwa 75 Prozent gestockt, also noch saftig sind, rührt man sie im Wok einmal kurz durch, fügt die Würz-zutaten zu und serviert sofort. Der richtige Zeitpunkt ist in der chinesischen Küche stets von größter Wichtigkeit.

Gleich nach welcher Garmethode man Eier zubereitet, sie erge-ben leichte, unkomplizierte Gerichte, die schnell zuzubereiten sind.

Pfannengerührte Eier mit Garnelen

Für 3 bis 4 Personen
(mit 1 bis 2 weiteren Gerichten)

4–5 Eier · 1 TL Salz

4–5 EL Tiefseegarnelen (Grönlandshrimps)

2½ EL Speiseöl · 1 EL Butter oder Schmalz

1½ EL gehackte Lauchzwiebeln (oder Schnittlauch)

1 EL trockener Sherry · 1 EL Sojasauce

Die Eier aufschlagen, salzen und mit einer Gabel 10 bis 12 Sekunden verquirlen. Die Garnelen auftauen und trockentupfen.

Das Öl zusammen mit der Butter im Wok erhitzen. Die heiße Fettmischung im Wok so schwenken, daß die Wände mit einer Fettschicht überzogen sind. Danach die Hitze reduzieren. Die Garnelen in einer Schicht über den Wokboden ausbreiten und die verquirlten Eier darübergießen. Nach etwa 1 Minute den Wok vorsichtig hin- und herkippen, damit das noch flüssige Ei eine möglichst große Fläche überzieht. Nach einer weiteren Minute die Eimischung einige Male durchrühren, die gehackten Lauchzwiebeln darüberstreuen und den Sherry gleichmäßig darüberträufeln.

Die pfannengerührten Eier, die nun fast gestockt sind, in eine vorgewärmte Schüssel geben. Die Sojasauce darüberträufeln und das Gericht sofort servieren.

Pfannengerührte Eier
mit Speck und Gemüse

Für 3 bis 4 Personen
(mit 1 bis 2 weiteren Gerichten)

4—5 Eier · 1 TL Salz · 1 kleine Zwiebel

3 Scheiben Frühstücksspeck · 1 Stange Staudensellerie

2 Lauchzwiebeln · ¼ Bund Brunnenkresse

1 kleine rote Paprikaschote · 2½ EL Speiseöl

4—5 Champignons · 3 EL zarte grüne Erbsen (tiefgefroren)

1 EL Sojasauce · 1½ EL Butter (oder Schmalz)

Die Eier aufschlagen, salzen und 10 bis 12 Sekunden lang verquirlen. Die Zwiebel in sehr dünne Scheiben und den entrindeten Frühstücksspeck in streichholzdünne Streifen schneiden. Die Selleriestange sowie die Lauchzwiebeln putzen und in 1 cm kurze Stücke schneiden. Die Brunnenkresse gründlich waschen und abtropfen lassen. Die Blätter von den Stielen zupfen und die Stiele entfernen. Die Paprikaschote halbieren, den Samenstand entfernen und das Fruchtfleisch in 1,2 cm große Stückchen schneiden.

Das Öl im Wok erhitzen. Die Zwiebelscheiben sowie die Speckstreifen einstreuen und über großer Hitze 1 Minute pfannenrühren. Danach den Sellerie, den Paprika und die Pilze zufügen und weitere 1½ Minuten pfannenrühren. Zuletzt die Erbsen und die Brunnenkresse zugeben und mit Sojasauce beträufeln. Alles zusammen noch 1 Minute unter ständigem Wenden braten. Aus dem Wok nehmen und warm halten.

Anschließend die Butter im Wok zerlaufen lassen. Die verquirlten Eier hineingießen und über mittlerer Hitze etwa 2 Minuten garen, bis sie zu 90 Prozent gestockt sind. Kurz durchrühren, das Gemüse zufügen und alles 1½ Minuten pfannenrühren.

Auf einer vorgewärmten Platte auftragen, von der sich die Gäste bedienen können. Ein sättigendes Gericht, das man gut zu Reis und langsam geschmortem Fleisch servieren kann.

Schichtomelett
mit Meeresfrüchten
nach Art der Schiffer

Für 4 bis 6 Personen
(mit 1 bis 2 weiteren Gerichten)

---

6 Eier · 1 TL Salz · 2 Scheiben Frühstücksspeck

---

1 mittelgroße Zwiebel · 2 Lauchzwiebeln

---

3 Knoblauchzehen · 4½ EL Speiseöl · 3 EL Schmalz

---

3 EL Krebsfleisch · 2 EL zarte grüne Erbsen (tiefgefroren)

---

3 EL Tiefseegarnelen

---

3 EL ausgelöstes Muschel- oder Austernfleisch

1½ EL Sojasauce

Die Eier aufschlagen, salzen und 10 bis 12 Sekunden lang verquirlen. Den entrindeten Frühstücksspeck in streichholzdünne Streifen, die Zwiebel in dünne Scheiben und die Lauchzwiebeln in 12 mm lange Späne schneiden. Die Knoblauchzehen fein hacken oder durch die Knoblauchpresse treiben.

Im Wok 1½ EL Öl zusammen mit ½ EL Schmalz erhitzen. Die Zwiebelscheiben und Speckstreifen einstreuen und über starker Hitze 1½ Minuten pfannenrühren. Die Hitze reduzieren und ⅓ der verquirlten Eier zugießen. Die Masse im Wok schwenken, damit ein Omelett mit großem Durchmesser entsteht, und in etwa 1½ Minuten stocken lassen. Auf eine vorgewärmte runde Platte gleiten lassen und warm halten.

Pfannengerührtes Huhn mit Champignons und Walnüssen
(Rezept Seite 55)

Nochmals 1½ EL Öl und ½ EL Schmalz im Wok erhitzen. Die Hälfte des Knoblauchs und der Lauchzwiebeln sowie das Krebsfleisch zufügen und etwa 30 Sekunden im heißen Fett wenden. Die Hälfte der restlichen Eimasse darübergießen und im Wok so schwenken, daß ein ebenso großes Omelett wie das erste entsteht. Nach dem Festwerden auf das erste Omelett legen und warm halten.

Das restliche Öl und das Schmalz im Wok erhitzen. Den restlichen Knoblauch und die Lauchzwiebeln sowie die Erbsen einstreuen. Auf mittlerer Flamme kurz erhitzen, die Garnelen und das Austern- oder Muschelfleisch zufügen und alles zusammen 30 Sekunden pfannenrühren. Anschließend die restliche Eimasse darübergießen, ebenfalls zu einem kreisrunden Omelett schwenken und stocken lassen. Aus dem Wok auf die beiden anderen gleiten lassen und mit der Sojasauce beträufeln.

Das Schichtomelett wie eine Torte in 8 Stücke teilen und servieren.

Dieses besonders köstliche Omelett kann man auch als Party-Gericht servieren.

Gelbfließende Eiercreme auf Pekinger Art

Für 4 bis 6 Personen
(mit 1 bis 2 weiteren Gerichten)

3 Eier · 2 Eigelb · 1 TL Salz

½ Hühnerbouillonwürfel · 6 EL kräftige Brühe

1 EL Speisestärke (angerührt mit 5 EL Wasser)

1½ EL Butter · 3½ EL Speiseöl

1 EL feingeschnittene Lauchzwiebeln

2–3 EL feingewürfelter Schinken

Die Eier mit den beiden Eigelb verquirlen und das Salz zufügen. Den Bouillonwürfel in der Brühe auflösen und mit der angerührten Speisestärke vermischen. Beide Mischungen zusammengießen und gut miteinander verrühren. In einem kleinen Pfännchen die Butter zerlaufen lassen.

Das Öl im Wok erhitzen. Sofort die Hitze stark reduzieren, die Eimasse zugießen und 4 Minuten lang ständig in einer Richtung rühren. Anschließend die flüssige Butter langsam einrühren, die Lauchzwiebeln einstreuen und weitere 1½ Minuten — immer in der gleichen Richtung — weiterrühren. Die Eimasse darf nicht ausflocken, sondern muß eine fließende Creme ergeben — eine Art chinesische Sauce Béarnaise.

Die Creme in eine Schale gießen und mit dem feingewürfelten Schinken bestreuen.

Ein beliebtes Pekinger Gericht, das zu gekochtem Reis serviert wird.

Würziger Eierstich mit Schinken und Lauchzwiebeln

Für 4 bis 6 Personen
(mit 1 bis 2 weiteren Gerichten)

1 Hühnerbouillonwürfel · 350 ml kräftige Brühe

4 Eier · 1 Prise Salz · 4 EL feingewürfelter Schinken

1½ EL feingeschnittene Lauchzwiebeln · 1 EL Sojasauce

Den Bouillonwürfel in der Brühe auflösen. Die Eier aufschlagen, leicht salzen und mit einer Gabel verquirlen. Die Hälfte des gewürfelten Schinkens einrühren und die abgekühlte Brühe zugießen. Alles gründlich miteinander vermischen. Die Masse in eine ausgefettete hitzebeständige Form gießen.

Die Form auf einem Rost in den Wok setzen, der etwa 9 cm hoch mit kochendem Wasser gefüllt wird. Den Wokdeckel auflegen und das Wasser 18 Minuten stetig kochen lassen. Danach sollte die Eimasse bereits gestockt sein. Ihre Oberfläche wird nun mit den Lauchzwiebeln und dem restlichen Schinken bestreut. Den Wokdeckel wieder auflegen und die Masse weitere 2 Minuten über Dampf stocken lassen.

Danach die Form aus dem Wok heben. Den Eierstich mit Sojasauce beträufeln und auftragen. Die Gäste stechen nun löffelweise den Eierstich aus und legen ihn auf den Reis in ihre Schalen. Auf diese Art zubereitet, wird der Eierstich extrem leicht. Er paßt ausgezeichnet zu gekochtem oder gebratenem Reis, aber auch zu pfannengerührten Fleisch- oder Gemüsegerichten.

Dämpfen im Wok

In der chinesischen Küche wird diese Kochmethode angewendet, um Nahrungsmittel entweder sehr schnell oder sehr langsam zu garen. Wenn das Gargut sehr frisch ist und man die Frische und den natürlichen Geschmack unterstreichen möchte, dämpft man es am besten im offenen Topf und nur kurze Zeit — selten länger als 15 Minuten, oft auch sehr viel kürzer. Wenn das Gargut jedoch zäh ist und am Ende des Garprozesses schmelzend weich und voller Aroma sein soll, wird es im geschlossenen Topf mindestens 2 Stunden, oft auch erheblich länger gegart.

Beide Arten des Dämpfens werden in China an Stelle des Garens im Backofen angewendet, der in den meisten chinesischen Haushalten nicht vorhanden ist. (Daher werden bei uns das Brot und die Brötchen gedämpft und nicht gebacken. Sie sind weich und weiß statt braun und knusprig.)

Für das Dämpfen im Wok benötigt man einen runden, mit einem Deckel versehenen Dämpfkorb aus Bambus. Man kann sich jedoch mit einem gelochten Dämpfeinsatz aus Metall mit dicht schließendem Deckel behelfen. Den Bambuskorb oder den Dämpfeinsatz setzt man 2,5 bis 4 cm tief in den Wok, der mit Wasser halb gefüllt ist. Das Wasser muß sprudelnd kochen, damit heißer Dampf ständig durch den gelochten Boden des Dämpfeinsatzes strömt. Dabei können auch mehrere Einsätze übereinander gestapelt werden. (Siehe Abbildung auf Seite 19).

Der Wok, den man zum Dämpfen benutzt, muß allerdings groß und ausreichend mit kochendem Wasser gefüllt sein, damit der nötige Dampf entsteht, um das Kochgut selbst in kürzester Zeit zu garen. Ab und zu wird man etwas kochendes Wasser nachgießen müssen. Dazu braucht man den Dämpfeinsatz nicht herausnehmen, wenn man dabei das Wasser vorsichtig an der Wokwand entlang zugießt.

Gedämpfter Fisch,
wie man ihn am Westsee ißt

Für 4 bis 6 Personen
(mit 1 bis 2 weiteren Gerichten)

1 ganzer Fisch von 800 g bis 1,25 kg (Dorade, Forelle,
Karpfen, Lachs oder Meeräsche)

1½ TL Salz · 1½ EL Sojasauce · 2 EL Weinessig · 1½ TL Zucker

2 EL gehackte Mixed Pickles oder Gewürzgurke

4 dicke Scheiben Ingwerwurzel · 6 Lauchzwiebeln

2 EL Butter

Den küchenfertig vorbereiteten Fisch innen und außen mit Salz, Sojasauce, Weinessig, Zucker sowie der feingehackten Gewürzgurke einreiben und 30 Minuten bis 1 Stunde marinieren, dabei einige Male in der sich bildenden Marinierflüssigkeit wenden. Den Ingwer in feine Streifen und die geputzten Lauchzwiebeln in 7,5 cm lange Stücke schneiden.

Den Fisch in eine ovale, hitzebeständige Schale legen, ihn von Kopf bis Schwanz mit den Ingwerstreifen und den Lauchzwiebeln bestreuen und mit der Marinierflüssigkeit beträufeln. Die Platte mit dem Fisch in einen großen Dämpfeinsatz oder auf einen Rost über das kochende Wasser in den Wok setzen und 20 Minuten dämpfen.

Die Butter in einem kleinen Tiegel erhitzen, bis sie schäumt, und über den Fisch gießen. Den Fisch sofort im ganzen servieren. Das Fleisch muß sich mit den Eßstäbchen leicht von den Gräten ablösen lassen. Man ißt es, indem man es vorher in die Sauce taucht, die sich beim Dämpfen in der Schale gesammelt hat.

Ein bekanntes Gericht aus Hangchow, einer Stadt in der Nähe des Westsees, der für seine landschaftliche Schönheit und seinen Fischreichtum berühmt ist.

Gedämpfte Spareribs mit schwarzen Sojabohnen

Für 4 bis 5 Personen
(mit 1 bis 2 weiteren Gerichten)

600—800 g Schweinerippchen · 2 Scheiben Ingwerwurzel

1½ EL fermentierte schwarze Sojabohnen

1½ TL Salz · frischgemahlener schwarzer Pfeffer

1½ EL feingeschnittene Petersilie · 1 EL Speisestärke

1½ EL Speiseöl

Die Schweinerippchen vom Metzger einzeln zerteilen, danach quer zum Knochen in 3 cm lange Stückchen hacken lassen. Den Ingwer in feine Streifen schneiden. Die fermentierten schwarzen Sojabohnen 20 Minuten in Wasser einweichen, danach abtropfen lassen und mit einer Gabel zerdrücken. Die Rippchen mit Salz und reichlich frischgemahlenem schwarzen Pfeffer, mit den fermentierten Sojabohnen, den Ingwerstreifen, der feingeschnittenen Petersilie, der Speisestärke und dem Öl einreiben. Mindestens 1 Stunde zugedeckt marinieren.

Die Rippchen auf einen hitzebeständigen Teller legen und in den

Dämpfeinsatz stellen. Über kräftigem Dampf 12 bis 15 Minuten garen. Sofort servieren.

In China werden diese Spareribs als appetitanregende Happen zu Drinks gereicht.

Hühnchen mit jungem Lauch und schwarzen Sojabohnen

Für 4 bis 6 Personen
(mit 1 bis 2 weiteren Gerichten)

---

1 Hühnchen von 800 g bis 1,25 kg

---

1 EL fermentierte schwarze Sojabohnen

---

3 Scheiben Ingwerwurzel · 2 Knoblauchzehen

1½ TL Salz · frischgemahlener Pfeffer

---

2 EL Speiseöl · 3–4 junge Lauchstangen

---

2 EL trockener Sherry

Das küchenfertige Hühnchen am Knochen in 20 bis 25 mundgerechte Stücke zerteilen. Die schwarzen Sojabohnen 10 Minuten in Wasser einweichen, danach abtropfen lassen und mit einer Gabel zerdrücken. Den Ingwer in dünne Streifchen schneiden und die Knoblauchzehen fein zerhacken. Die Hühnerstücke mit Salz und reichlich frischgemahlenem Pfeffer, mit den Ingwerstreifen, den zerdrückten Sojabohnen und dem Öl einreiben. Zugedeckt mindestens 1 Stunde marinieren. Den geputzten Lauch diagonal in 4 cm lange Stücke schneiden.

Die Hühnerstückchen lagenweise abwechselnd mit den Lauchstücken in eine ofenfeste Form schichten und mit dem Sherry beträufeln. Die Form in den Dämpfkorb setzen, lose mit Aluminiumfolie abdecken und über kräftigem Dampf 30 Minuten garen. Das Hühnchen in der Form servieren.

Ein ausgezeichnetes Gericht, das man mit 1 oder 2 pfannengerührten Gerichten servieren kann.

Gedämpftes Rinderhackfleisch im Kohlblatt

Für 4 bis 6 Personen
(mit 1 bis 2 weiteren Gerichten)

300 g gehacktes Rindfleisch · 100 g gehacktes Schweinefleisch

2 Scheiben Ingwerwurzel · 2 Lauchzwiebeln

1½ TL Salz · frischgemahlener schwarzer Pfeffer · ¾ TL Zucker

1 EL Sojasauce · 1 EL Speisestärke · ½ verquirltes Ei

12 mittelgroße Kohlblätter

FÜR DIE SAUCE:

1½ EL Sojasauce · ¾ EL Weinessig · 1½ TL Sesamöl

Das gehackte Rind- und Schweinefleisch miteinander vermischen. Den Ingwer hacken und die geputzten Lauchzwiebeln in feine Streifen schneiden. Die Kohlblätter 1½ Minuten in kochendem Salzwasser blanchieren, damit sie weich und leichter verarbeitbar werden. Die Saucenzutaten in einem Schälchen miteinander vermischen.

Das gehackte Fleisch mit dem Ingwer und den Lauchzwiebeln verkneten. Mit Salz, reichlich frischgemahlenem Pfeffer, dem Zucker sowie der Sojasauce würzen, mit der Speisestärke und dem verquirlten Ei binden. Den Fleischteig in 12 Portionen teilen.

Die Portionen in je ein Kohlblatt wickeln. In einer Lage in eine ofenfeste Form legen und lose mit Alufolie abdecken. Die Form in den Bambusdämpfer stellen und die Kohlwickel über kräftigem Dampf 25 Minuten garen. Zum Schluß mit der angerührten Sauce beträufeln und in der Form auftragen.

Ein Essen, das man zusammen mit pfannengerührten Gerichten servieren sollte, von denen es sich in Aussehen und Konsistenz so gut abhebt.

Gedämpftes Schweinehackfleisch mit Blumenkohl

Für 4 bis 6 Personen
(mit 1 bis 2 weiteren Gerichten)

400 g gehacktes Schweinefleisch · 1 kleine Zwiebel

1 Ei · 1 EL feingehackte Gewürzgurke · 1 TL Zucker

2 EL Sojasauce (oder 1½ EL Sojasauce verrührt mit ¾ EL scharfer Sojapaste)

1 EL Speisestärke · 1 EL trockener Sherry

1 kleiner Blumenkohl · 1 TL Salz

Die Zwiebel würfeln, das Ei verquirlen und den Blumenkohl in kleine Röschen teilen.

Das Schweinehackfleisch mit den Zwiebelwürfeln und der gehackten Gewürzgurke vermischen. Mit dem Zucker, der Sojasauce sowie dem Sherry würzen und mit dem verquirlten Ei und der Speisestärke binden. Mit einem Holzlöffel oder mit der Hand zu einer geschmeidigen Masse verarbeiten.

Die Blumenkohlröschen auf den Boden einer ofenfesten Form legen und mit Salz bestreuen. Darüber nun die Fleischmasse streichen. Die Form lose mit Alufolie abdecken, in den Bambuskorb stellen und über kräftigem Dampf 45 Minuten garen. Anschließend in der Form auftragen.

Ein beliebtes Gericht, das bei chinesischen Familienessen oft zusammen mit pfannengerührten Speisen serviert wird.

Falls man keinen Dämpfkorb hat, kann man die Form in den Wok setzen, der 7 bis 9 cm hoch mit kochendem Wasser gefüllt und mit einem Deckel zugedeckt wird. Das Gericht gart in 35 Minuten, wenn das Wasser ständig am Kochen gehalten wird. Mehrmals kochendes Wasser nachfüllen.

Gedämpfte Scheiben von Schweinefleisch und Süßkartoffeln mit Brokkoli

Für 4 bis 6 Personen
(mit 1 bis 2 weiteren Gerichten)

600 g nicht zu mageres Schweinefleisch

1–1,25 kg Süßkartoffeln (oder Jamswurzeln) · 3 EL Sojasauce

1 EL rote Bohnenpaste (nach Belieben) · 1 TL Zucker

2 EL kräftige Brühe · 300–400 g Brokkoli · 3½ EL Speiseöl

Das Schweinefleisch in 4 mm dünne Schnitzel von 7,5 × 4 cm, die geschälten Süßkartoffeln oder Jamswurzeln in ebenso große, aber doppelt so dicke Scheiben schneiden. Die Sojasauce mit der Bohnenpaste, dem Zucker und der Brühe in einem Schälchen verrühren. Den gewaschenen Brokkoli in kleine Röschen zerteilen.
Das Öl in einer großen Pfanne erhitzen. Die Schnitzel einlegen und die angerührte Würzsauce zugießen. Über starker Hitze 3 bis 4 Minuten in der Sauce wenden, anschließend herausheben. Jeweils ein Schnitzel zwischen 2 Süßkartoffelscheiben legen, die während der Garzeit den würzigen Fleischsaft aufsaugen. Diese

»Sandwiches« nun mit Zahnstochern oder kleinen Bambusspießen zusammenheften.

Das restliche Öl und die Sauce wieder in der Pfanne erhitzen, den Brokkoli hineingeben und 1 Minute pfannenrühren. Anschließend die Brokkoliröschen als Rand in eine ofenfeste Form legen und die »Sandwiches« in der Mitte anordnen. Die Form in den Dämpfkorb setzen und über kräftigem Dampf 20 Minuten garen. Danach die Zahnstocher entfernen und das Gericht, das dekorativ und appetitlich aussieht, in der Form auf den Tisch bringen.

In einem geschlossenen Topf über Dampf gegarte Gerichte

Die folgenden Gerichte werden in einem geschlossenen Topf längere Zeit über Dampf gegart. Dazu wird das Gargut in eine Kasserolle mit einem fest schließenden Deckel gelegt, der während der langen Garzeit nicht geöffnet wird. Statt mit einem Deckel kann man die Kasserolle auch mit Aluminiumfolie oder Pergamentpapier fest verschließen.

Gedämpftes
würziges Schweinefleisch
mit zerstoßenem Reis

Für 4 bis 6 Personen
(mit 1 bis 2 weiteren Gerichten)

800 g magerer Schweinebauch

3 EL Sojasauce · 2 TL rote Bohnenpaste (nach Belieben)

1½ EL trockener Sherry · 5—6 EL Reis

Das Fleisch mit der Schwarte in 5×4×1,5 cm große Stücke — jedes Stück mit Schwarte — schneiden. Die Stücke gründlich mit der Sojasauce, der Bohnenpaste und dem Sherry einreiben und 30 Minuten marinieren. Inzwischen den Reis im Mörser grob zerstoßen und in einer trockenen Pfanne auf kleiner Flamme unter ständigem Rühren so lange rösten, bis er braun ist und aromatisch duftet.

Die Fleischstücke aus der Marinade heben und im zerstoßenen Reis wenden. In eine ofenfeste Form schichten und diese mit Aluminiumfolie fest verschließen. Die Form in den mit Wasser gefüllten Wok setzen, dabei sollte das Wasser etwa 3 cm unter dem oberen Rand der Form stehen. Das Wasser zum Kochen bringen und den Wokdeckel aufsetzen. Das Wasser 3½ bis 4 Stunden sieden lassen.

Das Fleisch in der Form auftragen. Nach der langen Garzeit hat der Reis alles Fett aufgesaugt und das Fleisch ist schmelzend weich und hoch aromatisch.

Ein Lieblingsgericht der Chinesen.

Langsam im Dampf gegarte Kutteln mit Schweinefleisch

Für 4 bis 6 Personen
(mit 1 bis 2 weiteren Gerichten)

---

400 g Kutteln · 2 TL Salz · 400 g magerer Schweinebauch

---

2 mittelgroße Zwiebeln · 2 EL Sojasauce

1½ EL trockener Sherry · ½ Hühnerbouillonwürfel

---

4 EL kräftige Brühe · 2 Lauchzwiebeln

Die Kutteln mit Salz einreiben und 1 Stunde ruhen lassen. Anschließend unter fließendem Wasser abspülen, trockentupfen und in 6,5 × 2,5 cm große Streifen schneiden. Den Schweinebauch mit der Schwarte in 5 × 4 × 2,5 cm große Stücke, die Zwiebeln in dünne Scheiben und die Lauchzwiebeln in kleine Stücke schneiden.

In einer Schale die Kuttelstreifen mit den Fleischwürfeln und den Zwiebelscheiben vermischen. Mit der Sojasauce, dem Sherry und dem zerdrückten Bouillonwürfel würzen. Mit der Brühe beträufeln und mit den Lauchzwiebeln bestreuen. Alles gründlich miteinander vermischen.

Anschließend in eine ofenfeste Form schichten und fest mit Aluminiumfolie verschließen. Die Form in den 7 bis 9 cm hoch mit kochendem Wasser gefüllten Wok setzen. Den Deckel auflegen, und das Wasser 4 Stunden sacht kochen lassen. Anschließend das weiche, saftige Fleisch in der Form zu einem Gemüsegericht und reichlich Reis servieren.

»Rotgekochte« Schweinshachsen

Für 6 bis 8 Personen
(mit 1 bis 2 weiteren Gerichten)

2 Schweinshachsen von je 800 g bis 1,25 kg

2 Spitzbeine · 5 EL Sojasauce · 250 ml kräftige Brühe

250 ml Rotwein · 1 EL Zucker

Die Hachsen und die Spitzbeine abspülen und trockentupfen.
Die Sojasauce mit der Brühe, dem Rotwein und dem Zucker zu
einer Würzsauce verrühren.
Die Hachsen und die Spitzbeine auf den Boden einer Kasserolle
legen, mit der Würzsauce übergießen und mehrmals darin wenden. Die Kasserolle zudecken und in den mit kochendem Wasser
gefüllten Wok setzen. (Das Wasser soll etwa 5 cm unter dem oberen Kasserollenrand stehen.) Den Wokdeckel auflegen, und das
Wasser 4 Stunden über gelinder Hitze kochen lassen. Dabei die
Hachsen jede Stunde einmal wenden. In der Kasserolle zu einem
grünen Gemüse und reichlich Reis servieren.

Auf diese Art gegart, werden Schweinshachsen schmelzend weich,
die Schwarte erhält eine geleeartige Konsistenz, und es bildet sich
eine fast sirupartige Sauce.
Dieses Gericht in seiner würzigen Saftigkeit ist eines der Glanz-
lichter der chinesischen Küche.

Gedämpfte Rinderbrust

Für 4 bis 6 Personen
(mit 1 bis 2 weiteren Gerichten)

600—800 g Rinderbrust · 1 TL Salz

frischgemahlener Pfeffer · 1 große Zwiebel

2 Stiele Petersilie · 3 EL Speiseöl · 3—4 Scheiben Ingwerwurzel

3 EL Sojasauce · 250 ml Wasser (oder Brühe)

Das Fleisch in 4 cm große Würfel schneiden und mit dem Salz und reichlich frischgemahlenem Pfeffer einreiben. Die Zwiebel in Scheiben schneiden. Die Petersilie grob hacken.

Das Öl in einer großen Pfanne erhitzen. Den Ingwer, die Zwiebel sowie das gewürfelte Fleisch zufügen und über starker Hitze 4 bis 5 Minuten unter ständigem Rühren anbraten.

Anschließend in eine kleine Kasserolle umschütten, die Sojasauce und das Wasser zugießen und zum Kochen bringen. Danach die Kasserolle in einen mit kochendem Wasser gefüllten Wok setzen. Das Wasser 3½ bis 4 Stunden über gelinder Hitze kochen lassen. Die Fleischwürfel alle Stunden einmal umrühren, und, falls nötig, etwas kochendes Wasser nachfüllen.

Zuletzt das Fleisch, das nun sehr weich ist und in reichlich Sauce schwimmt, mit der gehackten Petersilie bestreuen. In der Kasserolle auf den Tisch setzen, damit sich die Gäste bedienen können. Ein ausgezeichnetes Essen zu Reis, aber auch zu Nudeln.

Gedämpftes Lammfleisch mit Ingwer

Für 4 bis 6 Personen
(mit 1 bis 2 weiteren Gerichten)

600—800 g Lammfleisch · 200 g weiße Rübchen

1½ TL Salz · frischgemahlener Pfeffer

6 Scheiben Ingwerwurzel · 2½ EL Speiseöl

3 EL Sojasauce · 250 ml kräftige Brühe

Das Lammfleisch in 4 cm große Würfel und die geputzten Rübchen diagonal in 4 cm lange, keilförmige Stücke schneiden. Die Fleischwürfel mit Salz und reichlich frischgemahlenem Pfeffer einreiben. Den Ingwer schälen und fein hacken.

Das Öl in einer kleinen Kasserolle erhitzen. Die Fleischwürfel und den gehackten Ingwer einstreuen und über mittlerer Hitze 5 bis 6 Minuten von allen Seiten anbraten. Anschließend die Rübchen zufügen. Die Sojasauce sowie die Brühe angießen und zum Kochen bringen.

Die Kasserolle mit einem dicht schließenden Deckel bedecken und in den mit kochendem Wasser gefüllten Wok setzen. Den Wokdeckel auflegen und das Wasser die nächsten 3½ bis 4 Stunden über gelinder Hitze kochen lassen, dabei die Lammfleischwürfel etwa jede Stunde einmal in der Sauce wenden. Das Gericht in der Kasserolle auftragen, damit die Gäste sich daraus bedienen können.

Gedämpftes Sojahühnchen
mit Eßkastanien

Für 6 bis 8 Personen
(mit 1 bis 2 weiteren Gerichten)

1 Hühnchen von 1,25–1,5 kg · 400 g Eßkastanien

3 Scheiben Ingwerwurzel · 3 EL Speiseöl

5 EL Sojasauce · 4 EL Rotwein

Das küchenfertig vorbereitete Hühnchen am Knochen in 25 bis 30 mundgerechte Stücke teilen. Die Eßkastanien 2 Minuten in kochendem Wasser blanchieren und anschließend schälen. Den Ingwer in feine Streifen schneiden.

Das Öl in einer großen Pfanne erhitzen. Die Fleischstücke mit den Ingwerstreifen ins heiße Öl geben und über starker Hitze 4 bis 5 Minuten von allen Seiten anbraten. Danach in eine Kasserolle geben. Die geschälten Eßkastanien zufügen und die Sojasauce, die Brühe und den Wein zugießen. Zum Kochen bringen und dabei die Hühnerstücke ständig in der Sauce wenden.

Die Kasserolle mit einem dicht schließenden Deckel bedecken und in den Wok setzen, der etwa 9 cm hoch mit kochendem Wasser gefüllt ist. Den Wokdeckel auflegen, und das Wasser 1½ Stunden auf kleiner Flamme sacht kochen lassen. Dabei die Fleischwürfel etwa jede Stunde einmal in der Sauce wenden.

Nach Ende der Garzeit kann man das Fleisch im Mund vom Knochen lösen, und die Haut zergeht wie Gelee auf der Zunge.

Auf die gleiche Weise kann man auch eine Ente zubereiten.

Tongu-Gemüse-Pfanne (Rezept Seite 72)

Geschichteter Fleischpudding

Für 4 bis 6 Personen
(mit 1 bis 2 weiteren Gerichten)

600 g Schweinebauch

400 g mehligkochende Kartoffeln (oder Jamswurzeln)

100 g Karotten

*4 EL gehackte Gewürzgurke (oder chinesische
»Snow Pickles«)*

1 Apfelsine · 4 EL Speiseöl · 100 g Schweinehackfleisch

1 TL Salz · 3 EL Sojasauce · 2 EL Rotwein

Das Schweinefleisch mit der Schwarte in 4 cm große Würfel, die geschälten Kartoffeln und die geputzten Karotten in Scheiben schneiden. Die Apfelsine schälen und in einzelne Segmente teilen.

Die Hälfte des Öls in einer Pfanne erhitzen. Das gehackte Schweinefleisch, das Salz sowie 2 EL gehackte Gewürzgurke zufügen und einige Minuten pfannenrühren. Anschließend in eine tiefe, mit Fett ausgestrichene Form geben und darüber die Kartoffel- und Karottenscheiben legen.

Das restliche Öl in der Pfanne erhitzen. Die Fleischwürfel darin über mittlerer Hitze 2 Minuten unter ständigem Rühren braten. Mit der Sojasauce beträufeln und 2 Minuten weiterrühren. Etwa die Hälfte der Fleischwürfel über die Kartoffel- und Karottenscheiben breiten und darüber die Apfelsinenstücke legen. Die andere Hälfte der Fleischwürfel darübergeben. Mit den restlichen 2 EL Gewürzgurken bestreuen und mit dem Wein sowie mit dem Bratensaft aus der Pfanne beträufeln.

Die Form mit Aluminiumfolie verschließen und in den mit kochendem Wasser etwa 9 cm hoch gefüllten Wok setzen. Den Wokdeckel auflegen, und das Wasser 3½ Stunden auf kleiner Flamme kochen lassen. Nach Ende der Garzeit haben sich die Aromen der verschiedenen Zutaten harmonisch verbunden und die Kartoffelschicht ist mit dem würzigen Fleischsaft durchtränkt.

Der Schichtpudding wird in der Form aufgetragen. Er ist ein ausgezeichnet sättigendes Gericht für alle, die einen großen Appetit haben.

Europäische Gerichte auf chinesische Art im Wok zubereitet

Chinesische Köche kleben nicht am Althergebrachten. Sie sind begierig auf Neues, improvisieren gerne und versehen dabei manches europäische Gericht mit einer chinesischen Note, so wie es ihnen gerade in den Sinn kommt.

Dabei verzichten sie allerdings ungern auf ihr bevorzugtes Küchenutensil, den Wok. Denn im Wok kann man auch die meisten europäischen Garmethoden ausführen. Man kann in ihm sautieren, braten, schmoren und fritieren sowie über Dampf und im Wasserbad garen.

Die chinesische Note bekommen die europäischen Gerichte durch die Verwendung einiger typisch chinesischer Zutaten, nämlich von Sojasauce (oder Sojabohnenpaste oder fermentierten Sojabohnen), von frischem Ingwer und von Sesamöl. So vermindert zum Beispiel Ingwer den fischigen Geschmack von Fisch und Meeresfrüchten und Sesamöl verbessert das Aroma vieler Speisen. An chinesische Schmorgerichte gibt man außerdem regelmäßig eine Prise Zucker. Das gleiche kann man auch bei westlichen Schmorgerichten und Kasserollen tun, um den Geschmack abzurunden.

Kedgeree

Für 4 bis 5 Personen

3–4 Scheiben Frühstücksspeck · 1 Zwiebel

200 g gedünsteter Fisch (Kabeljau)

100 g geräucherter Fisch (Schellfisch) · 2 Lauchzwiebeln

2 hartgekochte Eier · 1½ EL Speiseöl · 1½ EL Butter

400–500 g körnig gekochter Reis · Salz

frischgemahlener Pfeffer · 3–4 EL Milch

2 TL feingeschnittene Petersilie

Den entrindeten Frühstücksspeck in feine Streifen und die Zwiebel in dünne Scheiben schneiden. Die geputzten Lauchzwiebeln in kleine Späne schnitzeln. Die hartgekochten Eier aus den Schalen pellen. Ein ganzes Ei und ein Eiweiß fein würfeln, das Eigelb für die Garnitur bereithalten.

Das Öl und die Butter im Wok erhitzen. Die Speckstreifen und die Zwiebelscheiben hineinstreuen und 1 Minute im heißen Fett wenden. Anschließend den gekochten und den geräucherten Fisch zufügen, ebenfalls kurz im heißen Fett wenden und dabei in kleine Stücke zerpflücken. Nun den Reis hinzugeben, mit Salz und frischgemahlenem Pfeffer würzen und mit den Lauchzwiebeln sowie dem gewürfelten Ei bestreuen. Alles über mittlerer Hitze erwärmen und gründlich vermischen, dabei 3 bis 4 EL heiße Milch zufügen, um ein Anbrennen zu vermeiden.

Das Kedgeree in einer großen vorgewärmten Schüssel pyramidenförmig anrichten. Mit dem durch ein grobes Sieb gestrichenen Eigelb sowie mit der feingeschnittenen Petersilie bestreuen und auftragen.

Kedgeree ist ein anglo-indisches Gericht, das in England gern zum Brunch serviert wird.

»Gegrillte« Würstchen
mit Lammnieren und Leber

Für 3 Personen

3 Lammnieren · 200–300 g Leber

1½ EL Speisestärke · 6 EL Speiseöl · 2 mittelgroße Zwiebeln

6 Grillwürstchen · 1 TL Zucker · ½ TL Salz

1 EL Sojasauce

Die Lammnieren halbieren und den weißen Mittelstrang heraus-
schneiden. Die Leber in 3 Stücke schneiden. Nieren und Leber
mit 1 EL Öl einreiben und mit der Speisestärke bestäuben. Die
Zwiebeln schälen, halbieren und in dünne Scheiben schneiden.
Das restliche Öl im Wok erhitzen. Die Würstchen hineingeben,
im heißen Fett wenden und an die Seite schieben. Das gleiche mit
den Leberstücken und den halbierten Lammnieren machen. Danach alles überschüssige Fett vorsichtig abgießen. Die Zwiebelscheiben in den Wok geben und im restlichen Fett wenden.
Anschließend die Hitze reduzieren und alle Zutaten auf kleiner
Flamme noch 4 bis 5 Minuten braten, dabei zwei- bis dreimal
wenden. Zuerst die Lammnieren, dann die Leberstücke herausheben und warm halten. Die Zwiebelscheiben im Wok mit dem
Zucker, dem Salz und der Sojasauce würzen. Einige Male umrühren und 1 weitere Minute über mittlerer Hitze braten. Mit einem Sieblöffel herausheben und über den Nieren und Leberstük-
ken verteilen.
Ausgezeichnet zu Kartoffelpüree oder Röstkartoffeln!

Mixed Grill

Für 3 Personen

Die Zutaten sind die gleichen wie im vorhergehenden Rezept. Zusätzlich benötigt man pro Person 1 kleines Stück Rinderfilet und 1 Würfel geräucherten Schinken. Zuletzt werden die Nieren und das Rinderfilet in den Wok gegeben, da sie die kürzeste Bratzeit haben.

Nach kurzem Anbraten von 2 bis 3 Minuten wird das überschüssie Öl abgegossen, das heißt man wendet hier die chinesische Methode des Trockenbratens an. Dabei erzielt man ein ähnliches Ergebnis wie beim Grillen. Durch die mit Sojasauce und Zucker glasierten Zwiebelscheiben erhält das Gericht seine besondere Note.

Geschmorter Staudensellerie mit Hackfleisch

Für 4 Personen (als Beilage)
400–500 g Staudensellerie
1–2 Scheiben Ingwerwurzel · 2 EL Speiseöl
1 EL Butter · 100 g Schweine- oder Rinderhackfleisch
½ TL Butter · 2 EL Sojasauce · 3 EL kräftige Brühe
½ Hühnerbouillonwürfel · ½ TL Zucker · 3 EL Rotwein

Den Staudensellerie putzen, waschen und die Stangen diagonal in 10 cm lange Stücke schneiden. Den Ingwer schälen und fein hacken.

Das Öl zusammen mit der Butter im Wok erhitzen. Das Hackfleisch hineingeben, mit Salz sowie dem feingehackten Ingwer würzen und über starker Hitze 2 Minuten pfannenrühren. Die Sojasauce zugießen und etwa 30 Sekunden mit dem Fleisch verrühren. Anschließend die Selleriestücke unterheben, die Brühe zugießen und mit dem zerdrückten Bouillonwürfel, dem Zucker und dem Wein würzen. Einige Male umrühren, die Hitze reduzieren, den Wokdeckel auflegen und den Sellerie 6 bis 7 Minuten schmoren.

Als Hauptgericht für 4 Personen muß der Gemüseanteil auf 800 g und die Fleischmenge auf 400 g erhöht werden. Mit Reis, Salzkartoffeln oder Kartoffelpüree ergibt es eine vollständige Mahlzeit.

Gebratener Fisch mit Zwiebeln und Paprika

Für 3 Personen

600 g Fischfilet (Kabeljau, Rotbarsch etc.)

½ verquirltes Ei · ½ TL Salz · 2 EL Speisestärke

2—3 Scheiben Ingwerwurzel · 2 mittelgroße Zwiebeln

1 mittelgroße Paprikaschote · 3 Lauchzwiebeln

6—8 EL Speiseöl · 2 EL Sojasauce · 2 EL Brühe

2 EL Rotwein · 1 TL Zucker

Das Fischfilet in etwa 5×2,5 cm große Stücke schneiden. Zuerst im verquirlten Ei, danach in der mit dem Salz vermischten Speisestärke wenden. Den Ingwer fein hacken, die Zwiebeln sowie die Paprikaschote in dünne Streifen und die Lauchzwiebeln in 5 cm lange Abschnitte schneiden.

Das Öl im Wok erhitzen. Die Fischstücke nacheinander ins heiße Öl legen, einige Male darin wenden und auf die Seite schieben. Wenn alle Stücke angebraten sind, läßt man sie über mittlerer Hitze noch 1½ Minuten garen. Dann gießt man das überschüssige Öl ab, beträufelt die Fischstücke mit 1 EL Sojasauce und wendet sie darin einige Male. Anschließend mit einem Sieblöffel aus dem Wok heben und warm halten.

Die Zwiebel- und Paprikastreifen in den Wok geben und über starker Hitze 1 Minute pfannenrühren. Danach mit dem Zucker bestreuen und die Brühe, den Wein und die restliche Sojasauce angießen. Einige Male umrühren und die Hitze reduzieren.

Die Fischstücke auf das Gemüse legen und mit den Lauchzwiebeln bestreuen. Den Wokdeckel aufsetzen und alles über gelinder Hitze noch 3 bis 4 Minuten schmoren. Auf vorgewärmte Teller verteilen und zu Reis oder Salzkartoffeln servieren.

Frikadellen nach chinesischer Art

Für 4 Personen

3 Wasserkastanien · 3 kleine Zwiebeln

2 Scheiben Ingwerwurzel · 400 g mageres Rinderhackfleisch

1½ TL Salz · 1 EL Schmalz · 2 EL Speisestärke

1 Ei · 2 EL Sojasauce · 125 ml Speiseöl · 3 EL kräftige Brühe

Die beiden Wasserkastanien und 1 Zwiebel würfeln, den Ingwer fein hacken. Mit dem Rinderhackfleisch, dem Salz, dem Schmalz, mit 1 EL Speisestärke, dem Ei sowie mit 1 EL Sojasauce gründlich vermischen. Die Masse zu 6 flachen Frikadellen formen. Die Frikadellen mit der restlichen Speisestärke bestäuben. Die beiden Zwiebeln in dünne Ringe schneiden.

Das Öl im Wok erhitzen. Die Frikadellen eine nach der anderen ins heiße Öl geben und etwa 3 Minuten auf jeder Seite braten. Herausheben, auf eine ofenfeste Platte legen und im 150 °C heißen Backofen warm halten.

Inzwischen das überschüssige Öl (man kann es wiederverwenden) abgießen. Die Zwiebelringe in den Wok geben und über starker Hitze 1½ Minuten pfannenrühren. Danach die Brühe und die restliche Sojasauce angießen und mit den Zwiebelringen vermischen.

Die Frikadellen zurück in den Wok geben und noch 1 Minute mit den Zwiebelringen in der Sauce wenden. Man kann sie auf europäische Art zu Kartoffelpüree oder aber zu gebratenem Reis (siehe Seite 29, 89) oder Chow Mein (siehe Seite 30, 100) servieren.

Schweinekoteletts mit Zwiebelringen nach chinesischer Art

Für 4 Personen

---

4 große Schweinekoteletts · Salz

---

frischgemahlener Pfeffer · 125 ml Speiseöl · 3 Zwiebeln

---

2 Knoblauchzehen · 1 EL Sojasauce · 3 EL kräftige Brühe

Die Schweinekoteletts mit 1 EL Öl einreiben und auf beiden Seiten mit Salz und frischgemahlenem Pfeffer würzen. Den Knoblauch fein hacken oder durch die Knoblauchpresse treiben. Die Zwiebeln in dünne Ringe schneiden.

Das restliche Öl im Wok erhitzen. Die Koteletts nacheinander ins heiße Öl geben und von jeder Seite 4 Minuten braten. Herausheben und im 150 °C heißen Ofen warm halten.

Inzwischen das Öl abgießen (es kann wiederverwendet werden) und den Knoblauch sowie die Zwiebelringe in den Wok geben. Über starker Hitze 1½ Minuten pfannenrühren. Die Brühe und die Sojasauce zugießen und etwa 30 Sekunden mit den Zwiebeln vermengen. Danach die Koteletts wieder zurück in den Wok geben und mit den Zwiebeln in der Sauce wenden.

Auf vorgewärmte Teller verteilen und am besten zu Kartoffelpüree servieren; man kann aber auch Reis oder Nudeln sowie Chow Mein (siehe Seite 30, 100) oder gebratenen Reis (siehe Seite 29, 89) dazu reichen.

Cock-a-Leekie

Für 6 bis 8 Personen

600—800 g Rinderschmorfleisch

---

300 g Backpflaumen · 3—4 Stangen Lauch

---

500 ml Wasser · 1 kleines Suppenhuhn

---

4 Scheiben Ingwerwurzel · 3 TL Salz · 1 Hühnerbouillonwürfel

---

3 EL Sojasauce · 1½ EL Sesamöl

Das Rindfleisch in 4 cm große Würfel schneiden und das Suppenhuhn am Knochen in mundgerechte Stücke teilen. Die Backpflaumen über Nacht einweichen. Die Lauchstangen gründlich waschen und 2 davon diagonal in 4 cm lange Stücke teilen. Die Sojasauce mit dem Sesamöl verrühren.

Das Wasser im Wok zum Kochen bringen. Die Rindfleischwürfel, die Hühnerstücke sowie die Ingwerscheiben ins kochende Wasser geben und 30 Minuten darin sieden, dabei mehrmals abschäumen. Danach den Ingwer entfernen. Das Fleisch in eine hitzebeständige Form geben, salzen und die beiden ganzen Lauchstangen darüberlegen. Soviel Brühe aus dem Wok angießen, bis der Lauch bedeckt ist.

Die Form mit Aluminiumfolie verschließen und in den mit kochendem Wasser etwa 9 cm hoch gefüllten Wok setzen. Den Wokdeckel auflegen und das Wasser über gelinder Hitze 2½ Stunden kochen lassen. Anschließend die Lauchstangen entfernen, die eingeweichten Backpflaumen zufügen und weitere 15 Minuten garen. Danach die Lauchstücke unterheben, den zerdrückten Bouillonwürfel einrühren und alles nochmals 15 Minuten garen.

Die Rind- und Hühnerfleischstücke mit der mit dem Sesamöl verrührten Sojasauce beträufeln und auf so viele vorgewärmte Teller verteilen, wie Esser am Tisch sitzen. Die Brühe, den Lauch und die Backpflaumen in ebensoviele Suppenschalen verteilen. Man kann noch einige Löffel gekochten oder gebratenen Reis zum Fleisch legen, damit dieses ursprünglich schottische Gericht wie ein chinesischer Eintopf gegessen werden kann.

Minuten-Beefsteak mit Erbsen, Zwiebeln und Reis

Für 2 bis 3 Personen

600–800 g Beefsteak in 2–3 großen dünnen Scheiben

2½ EL Sojasauce · ½ TL Zucker · frischgemahlener Pfeffer

1½ EL trockener Sherry · 2 mittelgroße Zwiebeln

3 EL Speiseöl · 1½ EL Butter

4–5 EL zarte grüne Erbsen (frisch oder tiefgefroren)

300 g körnig gekochter Reis

Die Rindfleischscheiben in je 3 kleinere Stücke teilen. In einer flachen Schale die Sojasauce mit dem Sherry, dem Zucker und reichlich frischgemahlenem Pfeffer verrühren. Das Fleisch in dieser Würzsauce wenden und 30 Minuten marinieren. Anschließend herausheben und die Marinade bereithalten. Die Zwiebeln in dünne Ringe schneiden.

Das Öl zusammen mit der Butter im Wok erhitzen. Die Zwiebelringe ins heiße Fett geben, einige Male darin wenden und auf die Seite schieben. Die Fleischscheiben hineinlegen und drei- bis viermal im heißen Fett wenden. Danach auf den Wokboden pressen und 2 Minuten auf jeder Seite braten, dabei mit den Zwiebelringen belegen. Die Fleischscheiben auf eine vorgewärmte Servierplatte legen und warm halten.

Inzwischen die Erbsen mit den Zwiebelringen im Wok vermischen. Die bereitgehaltene Marinierflüssigkeit darübergießen und alles 1 Minute pfannenrühren. Anschließend den gekochten Reis hinzufügen und 1½ Minuten mit den Zwiebelringen und den Erbsen vermengen.

Dies ist ein Gericht, bei dem sich chinesische und europäische Elemente glücklich vereinen.

Irish Stew

Für 4 bis 6 Personen

1—1,25 kg Lammschulter

800—1000 g mehligkochende Kartoffeln

2 Gemüsezwiebeln · 2 mittelgroße Karotten

4 Scheiben Ingwerwurzel · 2 Lauchzwiebeln · 10 Pfefferkörner

3 TL Salz · 1 Hühnerbouillonwürfel · 750 ml Wasser

Das entbeinte Lammfleisch in dicke Scheiben schneiden. Die geschälten Kartoffeln halbieren und in 12 bis 18 mm dicke Scheiben
schneiden. Die Gemüsezwiebeln vierteln, die Karotten putzen
und beide in ebenso dicke Scheiben wie die Kartoffeln schneiden.
Den Ingwer schälen und fein hacken. Die Lauchzwiebeln in 5 cm
lange Späne schnitzeln. Die Pfefferkörner im Mörser grob zerstoßen.

Die Hälfte der Fleischscheiben auf den Boden einer großen hitzebeständigen Form legen und gleichmäßig mit 1½ TL Salz, mit
den Ingwerstreifen sowie mit der Hälfte der zerstoßenen Pfefferkörner bestreuen. Darüber die Hälfte der Zwiebeln und alle Karottenscheiben geben. Darauf das restliche Fleisch, darüber die
Kartoffelscheiben und obenauf die restlichen Zwiebeln schichten. Mit dem restlichen Salz und den zerstoßenen Pfefferkörnern
bestreuen. Das Wasser vorsichtig angießen und die Form mit Aluminiumfolie fest verschließen.

Die Form in den Wok setzen, der mit kochendem Wasser 7,5 bis
9 cm hoch gefüllt ist. Den Wokdeckel auflegen und das Wasser
etwa 3½ Stunden sacht kochen lassen. Danach die geschnitzelten
Lauchzwiebeln und den zerbröselten Bouillonwürfel über das Ragout streuen und kurz durchrühren. Die Form wieder verschließen und das Ragout weitere 15 Minuten über Dampf garen.

Dieses irische Eintopfgericht sollte auf europäische Art in einer
Terrine serviert werden.

Chop Suey

Für 4 bis 6 Personen

800–1000 g Lammfleisch (oder Rinderschmorfleisch)

3 Scheiben Ingwerwurzel · 2 Gemüsezwiebeln

1 mittelgroße Karotte · 3 Stangen Staudensellerie

200 g geputzter Weiß- oder Chinakohl · 2–3 Lauchzwiebeln

12 Pfefferkörner · 2 EL Speiseöl

2 TL Salz · 1½ Hühnerbouillonwürfel · 875 ml Wasser

Das Fleisch in 2,5×4 cm große Scheiben schneiden. Den Ingwer in feine Streifen, die Zwiebeln in dünne Ringe sowie die Karotte und die Selleriestangen schräg in 4 cm lange Abschnitte schneiden. Den Kohl in 2,5 cm breite Streifen und die Lauchzwiebeln in 2,5 cm lange Stücke schneiden. Die Pfefferkörner im Mörser grob zerstoßen.

Das Öl im Wok erhitzen. Das Fleisch und den gehackten Ingwer ins heiße Öl geben, salzen und über starker Hitze 4 bis 5 Minuten pfannenrühren. Die Zwiebeln und Karotten zufügen und 500 ml Wasser angießen. Zum Kochen bringen und zugedeckt 1¼ Stunde auf kleiner Flamme garen. Danach den Sellerie und den Kohl unterheben und das restliche Wasser angießen. Den zerbröselten Bouillonwürfel und die Lauchzwiebeln einrühren und alles nochmals 15 Minuten sacht kochen lassen. Das Chop Suey in einer Terrine zu einer großen Schüssel Reis auftragen.

Chop Suey ist gar kein chinesisches Gericht, sondern die in Amerika entstandene chinesische Version von Irish Stew. Das Chinesische besteht lediglich darin, daß man Reis dazu ißt.

Steak and Kidney Pudding

Für 4 Personen

600—800 g Huftsteak · 200 g Rindernieren

200 g kleine Champignons

4 mittelgroße getrocknete Tongu-Pilze

1 mittelgroße Zwiebel · 2 EL Speiseöl · 1 TL Salz

frischgemahlener Pfeffer · 2 EL Sojasauce

125 ml Rinderbrühe · 125 ml Rotwein

FÜR DIE KRUSTE:

200 g Mehl · 1½ TL Backpulver · 100 g Nierenfett

2 EL Paniermehl · ½ TL Salz · 5—6 EL Wasser

Für die Kruste alle Zutaten in einer Schüssel zu einem glatten Teig verarbeiten. Etwa ¾ des Teigs zu einer 12 mm dicken Platte ausrollen. Eine hitzebeständige Form von 1 l Inhalt ausfetten und mit dem Teig so auskleiden, daß er etwas über den Formenrand hängt. Den restlichen Teig zu einem passenden Deckel ausrollen.

Das Fleisch und die Nieren in 2,5 cm große Würfel und die geputzten Champignons samt den Stielen in dicke Scheiben schneiden. Die getrockneten Pilze 30 Minuten in warmem Wasser einweichen. Danach die zähen Stiele entfernen und die Kappen vierteln. Die Zwiebel in dünne Ringe schneiden.

Das Öl im Wok erhitzen. Die Fleisch- und Nierenwürfel sowie die Pilze und die Zwiebelringe ins heiße Öl streuen. Mit Salz und reichlich frischgemahlenem Pfeffer würzen und 4 bis 5 Minuten über starker Hitze pfannenrühren. Anschließend die Sojasauce, die Brühe und den Wein zugießen. Die Lauchzwiebeln und den Ingwer einstreuen. Unter ständigem Rühren zum Kochen bringen und 5 Minuten über gelinder Hitze kochen lassen.

Anschließend das Ragout in die ausgekleidete Form schütten und den Teigdeckel auflegen. Die Teigränder glatt zurechtschneiden und fest zusammendrücken. In die Deckelmitte einen kleinen Dampfabzug schneiden. Darüber noch einen gefetteten Bogen Pergamentpapier geben und mit Küchenzwirn festbinden.

Den Wok 7,5 bis 9 cm hoch mit kochendem Wasser füllen und die Form auf einen Rost hineinsetzen. Den Wokdeckel aufsetzen und den Pudding 3½ bis 4 Stunden im Dampf garen.

Lancashire Hot-Pot

Für 4 bis 6 Personen

1,25 kg Lammhals · 3 Lammnieren

2 mittelgroße Zwiebeln · 3 Scheiben Ingwerwurzel

8 große Champignons · 800 g mehligkochende Kartoffeln

12 ausgelöste Austern (oder Pfahlmuscheln)

1 Hühnerbouillonwürfel · 3 EL Speiseöl · Salz

frischgemahlener Pfeffer · 1½ TL Zucker · 1½ EL Mehl

750 ml kräftige Brühe · 1½ EL Schmalz

1½ EL Sojasauce

Das ausgelöste Fleisch in 4 cm große Würfel schneiden. Die Nieren halbieren, die weißen Mittelstränge entfernen und die Hälften in je 4 Scheiben schneiden. Die Zwiebeln in Ringe und den Ingwer in feine Streifen schneiden. Die Champignons putzen und vierteln. Die Kartoffeln schälen und in dicke Scheiben schneiden.

Das Öl in einem großen Wok erhitzen. Die Fleischwürfel hineingeben und mit Salz, reichlich Pfeffer und dem Zucker bestreuen. Unter Rühren in 5 bis 6 Minuten von allen Seiten leicht anbräunen, danach mit einem Sieblöffel herausheben. Nun die Zwiebeln und den Ingwer in den Wok geben und 2 Minuten pfannenrühren. Mit Mehl bestäuben und weitere 2 Minuten unter ständigem Rühren braten.

Die Fleischwürfel zurück in den Wok geben und mit den Zwiebeln vermischen. Anschließend die Kartoffelscheiben in einer Schicht darüberlegen und den zerbröselten Bouillonwürfel darüberstreuen. Etwa 500 ml Brühe angießen und zum Kochen bringen. Zugedeckt über reduzierter Hitze 1 Stunde sacht kochen lassen.

Inzwischen das Schmalz in einer Pfanne erhitzen. Die Niere und Pilze im heißen Fett 2 Minuten pfannenrühren. Die Austern und die Sojasauce zufügen und alles zusammen nochmals 2 Minuten unter ständigem Rühren braten. Die restliche Brühe einrühren, zum Kochen bringen und anschließend den gesamten Pfanneninhalt über die Kartoffelscheiben in den Wok schütten. Den Wokdeckel wieder auflegen und alles 30 Minuten über gelinder Hitze weitergaren.

In eine hitzebeständige Form umschütten und offen für etwa 45 Minuten in den 190 °C heißen Ofen stellen, bis der Hot-Pot eine schöne braune Kruste hat. In der Form servieren.

Hühnchen mit buntem Gemüse (Rezept Seite 59)

Pot-au-Feu

Für 5 bis 6 Personen

1 kg Beinfleisch vom Rind · 4 fleischige Hühnerflügel

800 g kleingehackte Rinderknochen · 2 Stangen Lauch

2 mittelgroße Zwiebeln · 2 mittelgroße Karotten

2 Stangen Staudensellerie · 3 Scheiben Ingwerwurzel

3 TL Salz · 2 EL Sojasauce

3 TL Sesamöl · 1 Hühnerbouillonwürfel

Das Beinfleisch in 8 große Stücke und die Hühnerflügel im Gelenk teilen. Zusammen mit den Rinderknochen in kochendem Wasser 5 Minuten blanchieren, herausheben und auf einem Sieb abtropfen lassen. Inzwischen das Gemüse putzen und in dicke Scheiben, den Ingwer in dünne Streifen schneiden.

Das Fleisch, die Knochen und das Gemüse in eine hitzebeständige Form schichten, salzen, mit den Ingwerstreifen und dem zerdrückten Bouillonwürfel bestreuen und knapp mit Wasser bedecken. Auf einem Rost in den mit kochendem Wasser etwa 9 cm hoch gefüllten Wok setzen. Den Wokdeckel auflegen und das Wasser 5 bis 6 Stunden über gelinder Hitze kochen lassen, dabei, wenn nötig, kochendes Wasser nachgießen. Anschließend das Fleisch und die Knochen herausnehmen.

Das Fleisch mit der mit dem Sesamöl verrührten Sojasauce begießen. Die Suppe entfetten und mit dem Fleisch servieren.

In China würde man noch frisches grünes Gemüse wie Brunnenkresse, Chinakohl oder streifig geschnittenen Salat kurz vor dem Servieren unter den Eintopf heben und natürlich Reis dazu servieren.

Hühnchen à la King
(auf schnelle Art)

Für 5 bis 6 Personen

1 Poularde von 1,5 kg · 100 g Champignons

1 mittelgroße Zwiebel · 2 kleine Karotten

1 kleine rote oder grüne Paprikaschote · 2 TL Salz

1½ EL Speisestärke · 1 Eiweiß · 1 Eigelb

125 ml Sahne · 3 EL Milch · 2 EL Speiseöl

2 Scheiben Ingwerwurzel · 125 ml Hühnerbrühe

1 Hühnerbouillonwürfel · frischgemahlener weißer Pfeffer

2 EL trockener Sherry · 1½ EL feingeschnittene Petersilie

Die Poularde entbeinen. Das Fleisch in 4×5 cm große Scheiben und die Champignons, die Zwiebel, die Karotten sowie die Paprikaschote in schmale Streifen schneiden. Die Fleischstücke mit dem Salz und der Hälfte der Speisestärke einreiben, danach im leicht geschlagenen Eiweiß wenden. Das Eigelb mit der Sahne verquirlen und die restliche Speisestärke mit der Milch anrühren. Das Öl im Wok erhitzen. Die Zwiebel- und Karottenstreifen sowie den Ingwer 3 bis 4 Minuten im heißen Öl pfannenrühren. Die Brühe zugießen. Den Bouillonwürfel, die Paprika- und die Pilzstreifen zufügen und zum Kochen bringen. Anschließend die Poulardenstücke unterheben und etwa 2 Minuten im Wok mit den anderen Zutaten vermischen. Das Ragout mit der angerührten Speisestärke binden, mit der Ei-Sahne-Mischung verfeinern und mit dem Sherry würzen. Zum Schluß mit der feingeschnittenen Petersilie bestreuen und zu Reis servieren.
Die gesamte Zubereitungszeit beträgt etwa 8 Minuten.

Hühnchen à la King
(auf langsame Art)

Für 5 bis 6 Personen

1 Poularde von 1,5 kg · 3 Scheiben Ingwerwurzel

1½ TL Salz · frischgemahlener Pfeffer · 1 mittelgroße Zwiebel

2 mittelgroße Karotten · je 1 grüne und rote Paprikaschote

100 g Champignons · 1 Bouquet garni

1 Hühnerbouillonwürfel · 125 ml Hühnerbrühe

1 Eigelb · 125 ml Sahne · 2 EL trockener Sherry

1½ EL feingehackte Petersilie

Die Poularde ausbeinen. Das Fleisch in 4 bis 5 cm große Würfel schneiden. Die kleingehackte Karkasse mit dem Ingwer und 750 ml Wasser aufsetzen. Über starker Hitze kochen, bis die Flüssigkeit auf etwa ⅔ der ursprünglichen Menge reduziert ist. Davon 125 ml für die Sauce abnehmen. Den Rest anderweitig verwenden.

Die Fleischwürfel mit Salz und reichlich frischgemahlenem Pfeffer würzen. Die Zwiebel sowie die Champignons in 6 mm dicke Scheiben und die Paprikaschoten in 12 mm breite Streifen schneiden. Die Karottenstreifen 3 Minuten in kochendem Salzwasser blanchieren, mit kaltem Wasser abschrecken und abtropfen lassen.

Die Karottenstreifen und die Zwiebelscheiben auf dem Boden einer hitzebeständigen Form ausbreiten. Darauf die Poulardenwürfel geben und mit den Champignonscheiben und Paprikastreifen belegen. Das Bouquet garni (ein Kräutersträußchen aus einigen Petersilienstengeln, einem Thymianzweig und einem kleinen Lorbeerblatt) darüberlegen, den zerbröselten Bouillonwürfel darüberstreuen und die Brühe angießen. Die Form mit Aluminiumfolie fest verschließen.

Anschließend die Form auf einen Rost in den Wok stellen, der mit kochendem Wasser etwa 9 cm hoch gefüllt ist. Das Wasser bei geschlossenem Wokdeckel 1¼ bis 1½ Stunden über gelinder Hitze kochen lassen. Danach das Bouquet garni entfernen. Das Eigelb mit der Sahne verquirlen und in das Ragout rühren, um es zu binden. Mit dem Sherry beträufeln und mit der Petersilie bestreuen. Noch 10 Minuten ziehen lassen, danach zu Reis servieren.

Geschmorte Poularde mit Sojasauce und Eßkastanien

Für 4 bis 5 Personen

1 Poularde von 1,25–1,5 kg · 200 g Kastanien

2 Scheiben Ingwerwurzel · 2 TL Speisestärke

250 ml kräftige Brühe · 3 EL Speiseöl · 1 TL Zucker

1 Prise Salz · 4 EL Sojasauce

1 Hühnerbouillonwürfel · 4 EL trockener Sherry

Die Poularde halbieren und die Hälften in je 4 Teile schneiden. Die Eßkastanien 4 Minuten in kochendem Wasser blanchieren, danach aus den Schalen pellen. Den Ingwer schälen und fein hakken. Die Speisestärke mit ¼ der Brühe anrühren.
Das Öl im Wok erhitzen. Die Poulardenstücke und die Eßkastanien hineingeben und mit dem feingehackten Ingwer sowie mit Zucker und Salz bestreuen. Über starker Hitze 5 bis 6 Minuten unter ständigem Rühren anbraten. Anschließend die Sojasauce und die restliche Brühe zugießen. Zum Kochen bringen und den Deckel auflegen. Über reduzierter Hitze 15 Minuten sacht kochen lassen. Danach die angerührte Speisestärke sowie den zerbröselten Bouillonwürfel zufügen und so lange rühren, bis die Sauce bindet. Zuletzt den Sherry einrühren. Das Ragout kann zu Salzkartoffeln, zu einfachem oder gebratenem Reis serviert werden.

Orangen- und Zitronenpudding

Für 6 bis 7 Personen

250 g Mehl · 1 gehäufter TL Backpulver

125 g Rindertalg · 6—7 EL Milch · 6—7 EL Wasser

5 EL gesalzene Butter · 1 große Orange

1 mittelgroße Zitrone · 5 EL brauner Rohrzucker

Das Mehl mit dem Backpulver sieben und mit dem Talg, der Milch und dem Wasser zu einem weichen Teig verarbeiten. Den Teig zu einer runden Platte von etwa 35 cm Durchmesser ausrollen und damit eine gefettete hitzebeständige Puddingform auskleiden. Den überhängenden Teig abschneiden und zu einem Deckel für die Form ausrollen.

Die kalte Butter in kleine Stücke schneiden. Die Orange und die Zitrone schälen, waagerecht halbieren und die Hälften in die einzelnen Schnitze zerlegen. In einer Schale mit den Butterstückchen und dem Zucker vermischen. Die Mischung in die ausgekleidete Form füllen. Den Teigdeckel auflegen und die Ränder fest zusammenpressen. Den Pudding zusätzlich mit Aluminiumfolie fest verschließen, und diese eventuell noch mit Küchenzwirn festbinden.

Die Puddingform in den Wok stellen, der mit kochendem Wasser etwa 7,5 bis 9 cm hoch gefüllt wird. Den Wokdeckel auflegen und den Pudding mindestens 3 Stunden im Wasserbad garen, dabei, wenn nötig, kochendes Wasser nachfüllen.

Der Pudding wird warm serviert.

Reispudding

Für 4 bis 6 Personen

100–125 g Milchreis (oder chinesischen Klebreis)

3 EL Trockenfrüchte (oder Rosinen) · 3–4 EL Zucker

½ Zimt · 1½ EL Butter · 750 ml Milch

Den Reis mehrere Male in kaltem Wasser spülen. Eine hitzebeständige Porzellanform mit etwas weicher Butter ausfetten.
Alle Zutaten miteinander vermischen und in die Form schütten.
Die Form mit Aluminiumfolie fest verschließen und in den Wok stellen, der etwa 7,5 bis 9 cm hoch mit Wasser gefüllt wird. Das Wasser zum Kochen bringen und 2 bis 2½ Stunden über gelinder Hitze kochen lassen, dabei verdampftes Wasser nachfüllen.
Nach Ablauf der Garzeit die Aluminiumfolie entfernen und die Oberfläche des Puddings mit Zimt bestreuen.
Den Pudding warm in der Form servieren.

Verzeichnis
wichtiger Zutaten

Bambussprossen: Die jungen Triebe der Bambuspflanze sind bei uns nur in Dosen erhältlich. Umgefüllt und mit frischem Wasser bedeckt, halten sie sich im Kühlschrank mehrere Tage. Sie werden hauptsächlich wegen ihrer kernigen Konsistenz als Kontrast zu weichen Zutaten geschätzt. Vor der Verwendung werden sie kalt abgespült.

Bohnenpaste, gelbe: Eine pastenartige Würzsauce aus fermentierten gelben Sojabohnen. Sie wird oft an Stelle von Sojasauce verwendet.

Bohnensprossen oder Sojabohnenkeime: Unter dem Handelsnamen »Lunja« als Frischgemüse erhältlich; sollte der Dosenware vorgezogen werden.

Chilisauce: Eine scharfe Würzsauce aus roten Chilischoten, Essig, Zucker und Salz. Sie wird zum Kochen und als Dip-Sauce verwendet. Sie kommt in Flaschen in den Handel und sollte nicht mit der in Dosen oder Gläsern verkauften Chilibohnenpaste verwechselt werden, die sehr scharf ist und nur zum Kochen gebraucht wird.

Garnelen, getrocknete: »Dried Shrimps« sind geschält, gesalzen und sonnengetrocknet. Sie werden zum Würzen von Fisch- und Fleischgerichten sowie Füllungen verwendet. Vor dem Gebrauch müssen sie etwa 30 Minuten in warmem Wasser eingeweicht werden.

Glasnudeln (»Bean thread« Vermicelli): Die fadendünnen, transparenten Nudeln aus gemahlenen Mungobohnen müssen vor der Verwendung etwa 5 Minuten in warmem Wasser eingeweicht werden.

Goldnadeln: Die getrockneten Knospen einer Taglilienart werden vor Gebrauch 10 Minuten in warmem Wasser eingeweicht. Man schätzt sie wegen ihrer feinen Konsistenz und ihres eigentümlichen Geschmacks.

Hoisin-Sauce: Eine dickflüssige, rotbraune Würzsauce aus Sojabohnen, Essig, Zucker, Chilis, Sesamöl und Gewürzen. Sie wird auch als chinesische Barbecue-Sauce bezeichnet.

Ingwerwurzel: Der fleischige Wurzelstock der Ingwerpflanze ist eine der Grundwürzen in der chinesischen Küche. Frischer Ingwer ist prall, saftig und zart, älterer ist trocken und faserig. Vor der Verwendung wird Ingwer geschält. Er verleiht den Speisen eine leichte Schärfe und einen frischen aromatischen Geschmack.

Reiswein: Zugleich Würzzutat und Getränk. Er wird aus Klebreis, Hefe und Quellwasser hergestellt. Wegen seiner Farbe wird er auch als »gelber Wein« bezeichnet. Reiswein aus Shaoxing gilt als der beste. Ein trockener Sherry kann als Ersatz dienen.

Sesamöl: Chinesisches Sesamöl ist dickflüssig, dunkelgelb und hat einen nußartigen Geschmack. Es wird in der chinesischen Küche ausschließlich zum Würzen, nie zum Braten verwendet, da es einen niedrigen Rauchpunkt hat und leicht verbrennt. Das raffinierte helle Sesamöl oder Tahini des mittleren Ostens ist völlig verschieden und kein Ersatz für chinesisches.

Sojabohnen, fermentierte schwarze: Kleine schwarze Sojabohnen, die gesalzen und fermentiert sind und in Dosen oder eingeschweißt in Plastikbeuteln in den Handel kommen. Sie sind aus-

gesprochen salzig und müssen vor der Verwendung etwa 5 bis
10 Minuten eingeweicht werden.

Sojasauce: eine der wichtigsten und ältesten Würzen in der chinesischen Küche. Sie wird auf der Basis von Sojabohnen und geröstetem Weizen durch Fermentation hergestellt. Nach mehrmonatiger Reifung wird die Sojasauce abgepreßt, filtriert, pasteurisiert und in Flaschen abgefüllt. Hochwertige Produkte reifen oft jahrelang. Es gibt zwei Grundsorten: die helle Sojasauce, »Superior Soy«, und die dunkle Sojasauce, »Soy Superior«. Die helle Sojasauce ist heller, dünnflüssiger und salziger. Die länger gereifte dunkle Sojasauce ist etwas dickflüssiger, dunkler und süßlich-aromatisch. Sie wird besonders als Tafelsauce für Dips und für »rotgekochte« Schmorgerichte verwendet, denen sie die charakteristische rotbraune Farbe gibt.

Tofu: Sojabohnenquark aus eingeweichten, vermahlenen, mit Wasser gemischten und zur Gerinnung gebrachten Sojabohnen. Er wird in kleinen Blöcken frisch in Wasser oder vakuumverpackt in Dosen verkauft. Er hält sich mehrere Tage im Kühlschrank, wenn das Wasser täglich gewechselt wird, und ist ein wichtiger Eiweißlieferant.

Tongu-Pilze: Die würzigen Pilze sind stets getrocknet und auch unter der japanischen Bezeichnung Shiitake im Handel. Sie werden vor der Verwendung etwa 30 Minuten in warmem Wasser eingeweicht. Ihre zähen Stiele müssen entfernt werden.

Wasserkastanien: Die eßbaren Wurzelknollen einer Wasserpflanze werden bei uns nur in Dosen gehandelt. Umgefüllt und mit frischem Wasser bedeckt halten sie sich einige Zeit im Kühlschrank. Wegen ihrer kernigen Konsistenz verwendet man sie gern in Fleischfüllungen.

Wolkenohrpilze oder Mu-err-Pilze: Diese Baumpilzart kommt getrocknet in den Handel und muß vor Gebrauch etwa 30 Minuten in warmem Wasser eingeweicht werden. Dabei quellen die Pilze um das Doppelte auf. Anschließend werden sie gründlich abgespült, um anhaftenden Sand zu entfernen.

Zucker: Zucker wird seit altersher in der chinesischen Küche nicht nur zum Süßen, sondern auch zum Würzen verwendet. Er harmonisiert Saucen und rundet den Eigengeschmack ab, darf aber nicht hervorstechen. Feiner, brauner Kandis- oder Rohrzucker eignet sich dafür besonders.

Alphabetisches Verzeichnis
der Rezepte

Auberginen, schnellgebratene, und Zucchini mit Rinderhackfleisch 74

Blumenkohl, schnell gebratener und gedünsteter 66
Brokkoli, schnell gebratener und gedünsteter 66

Chinakohl, »rotgeschmorter« 68
Chinakohl, »weißgeschmorter« 69
Chop Suey 171
Chow Mein 30, 100
Chow Mein mit Meeresfrüchten 102
Chow Mein vegetarisch 104
Cock-a-Leekie 167

Eier, pfannengerührte, mit Garnelen 136
Eier, pfannengerührte, mit Speck und Gemüse 137
Eiercreme, gelbfließende, nach Pekinger Art 140
Eierstich, würziger, mit Schinken und Lauchzwiebeln 141

Fisch in Brühe mit Gemüse und Glasnudeln 126
Fisch in Brühe mit Tofuwürfeln und Tongu-Pilzen 127
Fisch in süß-scharfer Sauce 124
Fisch, gebratener, mit Zwiebeln und Paprika 164
Fisch, gedämpfter, wie man ihn am Westsee ißt 144
Fisch, gerösteter scharfgewürzter 123

Fisch, schnell gebratener und geschmorter, in scharfer Sojabohnensauce 117
Fisch, schnell gebratener und geschmorter, in süß-saurer Sauce 118
Fisch, schnell gebratener und geschmorter, mit Ingwer und Lauchzwiebeln 116
Fischkopfsuppe mit Tofuwürfeln 87
Fisch-Reis-Pfanne 92
Fischscheiben, gedünstete, in Pekinger Weinsauce 122
Fischscheiben, gedünstete, in Soja-Jus 120
Fischsuppe, scharf-saure 86
Fleischpudding, geschichteter 158
Frikadellen nach chinesischer Art 165

Garnelen mit feinen Erbsen 130
Gemüsepfanne, bunte 70
Grundbrühe für Suppen 78
Grüne Jade-Suppe 80

Huhn »Hung Shao« oder »Coq au vin à la chinoise« 57
Huhn, pfannengerührtes, mit Champignons und Walnüssen 55
Hummer in schwarzer Sojabohnensauce nach Kantonesischer Art 133
Hummer mit Ingwer und Zwiebeln nach Kantonesischer Art 131
Hühnchen à la King (auf langsame Art) 178
Hühnchen à la King (auf schnelle Art) 177

Hühnchen in Currysauce 58
Hühnchen in schwarzer Bohnen-
    sauce 56
Hühnchen mit buntem Gemüse 59
Hühnchen mit jungem Lauch und
    schwarzen Sojabohnen 146
Hühnchen mit Pilzen und Soja-
    bohnensprossen 54
Hühnerfleischwürfel, scharf
    gewürzte, »Kung Po« mit Paprika-
    streifen 50
Hühnerfleischwürfel, schnellge-
    bratene, in Bohnenpasten-Sauce
    mit Cashewnüssen 48
Hühnergeschnetzeltes mit Schinken-
    streifen, Pilzen und Glasnudeln 51
Hühnergeschnetzeltes, schnellge-
    bratenes, mit Prinzeßbohnen 49
Hühnersuppe mit Pilzen 81

Irish Stew 170

Kedgeree 161
Kohl, schnellgebratener 63
Krebs mit Ingwer und Zwiebeln
    nach Kantonesischer Art 131
Kürbissuppe mit Spareribs 85
Kutteln, langsam im Dampf gegarte,
    mit Schweinefleisch 152

Lammfleisch, gedämpftes, mit
    Ingwer 155
Lancashire Hot-Pot 173
Lauch, schnellgebratener 63

Minuten-Beefsteak mit Erbsen,
    Zwiebeln und Reis 169
Mixed Grill 163

Nudeleintopf, einfacher 112
Nudeleintopf mit Garnelen und
    Hackfleisch 114

Nudeleintopf mit geschmortem
    Rindfleisch 113
Nudeleintopf mit geschmortem
    Schweinefleisch 114
Nudeln in Sauce mit geschmortem
    Rindfleisch 107
Nudeln in Sauce mit geschmortem
    Schweinefleisch 108
Nudeln in Sauce mit Meeresfrüchten
    110
Nudeln, gebratene, »Chow Mein«
    30, 100

Orangen- und Zitronenpudding 181

Pot-au-Feu 176
Poularde, geschmorte, mit Sojasauce
    und Eßkastanien 179
Prinzeßbohnen, schnell gebratene
    und gedünstete 67

Reis, gebratener 29, 89
Reis, gebratener, mit Champignons
    und Fleischwürfeln 90
Reis, gebratener, mit Garnelen und
    Bambussprossen 91
Reis, gekochter 88
Reispudding 181
Reissalat, heißer, mit feinem Gemüse
    97
Reissalat, heißer, mit gehacktem
    Fleisch und Gemüse 98
Reissalat, heißer, mit gewürfeltem
    Kasseler, Blumenkohl und Rosen-
    kohl 95
Reissalat, heißer, mit Kohl- und
    Schinkenstreifen 93
Reissalat, heißer, mit Prinzeßbohnen
    und Schweinefleisch 94
Reissalat, heißer, mit zweierlei Fisch
    96
Riesengarnelen in süß-scharfer Sauce
    129

Rinderbrust, gedämpfte 154
Rinderfilet, pfannengerührtes, mit
    schwarzen Bohnen 33
Rindergeschnetzeltes, scharf
    gewürztes, mit Karotten- und
    Selleriestreifen 34
Rinderhackfleisch, gedämpftes, im
    Kohlblatt 147
Rindfleisch mit Pilzen und Gemüse
    37
Rindfleischstreifen, schnellge-
    bratene, mit Lauch 32
Rindfleischwürfel, schnellgebratene,
    mit Karotten und grünen Erbsen
    36

Schichtomelett mit Meeresfrüchten
    nach Art der Schiffer 138
Schweinefiletwürfel, schnellge-
    bratene, in Bohnenpasten-Sauce
    44
Schweinefleisch, gedämpftes
    würziges, mit zerstoßenem Reis
    151
Schweinefleischscheibchen, pfannen-
    gerührte, mit Paprika und Sellerie
    41
Schweinefleischscheibchen, pfannen-
    gerührte, mit Pilzen und
    Frühlingskohl 42
Schweinefleischscheiben, gedämpfte
    und Süßkartoffeln 149
Schweinegeschnetzeltes mit Bambus-
    sprossen, Pilzen und Glasnudeln
    43
Schweinegeschnetzeltes mit Lauch-
    zwiebeln, Gewürzgurken und
    Bohnensprossen 40
Schweinehackfleisch, gedämpftes,
    mit Blumenkohl 148

Schweinekoteletts mit Zwiebelringen
    nach chinesischer Art 166
Schweinshachsen, »rotgekochte« 153
Sojahühnchen, gedämpftes, mit
    Eßkastanien 156
Spareribs, gedämpfte, mit schwarzen
    Sojabohnen 145
Spinat, schnellgebratener 62
Spinatsuppe mit Tofuwürfeln 80
Staudensellerie, geschmorter, mit
    Hackfleisch 163
Staudensellerie, schnell gebratener
    und gedünsteter 65
Steak and Kidney Pudding 172
Suppe, scharf-saure 83
Suppe der »drei Kostbarkeiten« 84
Suppe der Götter 79
Suppen, Grundrezept 78

Tofuwürfel mit Tongu-Pilzen und
    Hackfleisch 75
Tofuwürfel in scharfer Sauce 76
Tongu-Gemüse-Pfanne 72
Trilogie vom Huhn mit
    Champignons und Erbsen 47
Trilogie vom Schwein mit Bohnen-
    paste und Gurkenwürfeln 45

Würfel von Jakobsmuscheln,
    Schweinefleisch, Hühnerleber
    und Gurken 134
Würstchen, »gegrillte«, mit Lamm-
    nieren und Leber 162

Zitronen-Hühnchen 60
Zucchinigemüse mit gehacktem
    Schweinefleisch 73
Zuckermaissuppe mit Krebsfleisch
    82

Verzeichnis der Rezepte
nach Sachgruppen

PFANNENGERÜHRTE
SCHNELLGERICHTE

Auberginen, schnellgebratene, und
    Zucchini mit Rinderhackfleisch
    74
Blumenkohl, schnell gebratener und
    gedünsteter 66
Brokkoli, schnell gebratener und
    gedünsteter 66
Chinakohl, »rotgeschmorter« 68
Chinakohl, »weißgeschmorter« 69
Gemüsepfanne bunte 70
Hühnchen in Currysauce 58
Hühnchen in schwarzer
    Bohnensauce 56
Hühnchen mit buntem
    Gemüse 59
Hühnchen mit Pilzen und
    Sojabohnensprossen 54
Hühnerfleischwürfel, scharf
    gewürzte, »Kung Po« mit
    Paprikastreifen 50
Hühnerfleischwürfel, schnell-
    gebratene, in Bohnenpasten-
    Sauce mit Cashewnüssen 48
Hühnergeschnetzeltes mit
    Schinkenstreifen, Pilzen und
    Glasnudeln 51
Hühnergeschnetzeltes, schnell-
    gebratenes, mit Prinzeß-
    bohnen 49
Huhn »Hung Shao« oder
    »Coq au vin à la chinoise« 57
Huhn, pfannengerührtes,
    mit Champignons und
    Walnüssen 55
Kohl, schnellgebratener 63

Lauch, schnellgebratener 63
Nudeln, gebratene, »Chow Mein« 30
Prinzeßbohnen, schnell
    gebratene und gedünstete 67
Reis, gebratener 29
Rinderfilet, pfannengerührtes,
    mit schwarzen Bohnen 33
Rindergeschnetzeltes, scharf
    gewürztes, mit Karotten-
    und Selleriestreifen 34
Rindfleisch mit Pilzen und
    Gemüse 37
Rindfleischstreifen, schnellgebratene
    mit Lauch 32
Rindfleischwürfel, schnellgebratene,
    mit Karotten und grünen
    Erbsen 36
Schweinefiletwürfel, schnell-
    gebratene, in Bohnenpasten-
    Sauce 44
Schweinefleischscheibchen,
    pfannengerührte, mit Paprika
    und Sellerie 41
Schweinefleischscheibchen,
    pfannengerührte, mit Pilzen
    und Frühlingskohl 42
Schweinegeschnetzeltes mit
    Bambussprossen, Pilzen und
    Glasnudeln 43
Schweinegeschnetzeltes mit
    Lauchzwiebeln, Gewürzgurken
    und Bohnensprossen 40
Spinat, schnellgebratener 62
Staudensellerie, schnell gebratener
    und gedünsteter 65
Tofuwürfel in scharfer Sauce 76
Tofuwürfel mit Tongu-Pilzen und
    Hackfleisch 75

Tongu-Gemüse-Pfanne 72
Trilogie vom Huhn mit
 Champignons und Erbsen 47
Trilogie vom Schwein mit Bohnen-
 paste und Gurkenwürfeln 45
Zitronen-Hühnchen 60
Zucchinigemüse mit gehacktem
 Schweinefleisch 73

SUPPEN

Fischkopfsuppe mit Tofuwürfeln 87
Fischsuppe, scharf-saure 86
Grüne Jade-Suppe 80
Grundbrühe für Suppen 78
Hühnersuppe mit Pilzen 81
Kürbissuppe mit Spareribs 85
Spinatsuppe mit Tofuwürfeln 80
Suppe der Götter 79
Suppe der »drei Kostbarkeiten« 84
Suppe, scharf-saure 83
Zuckermaissuppe mit Krebs-
 fleisch 82

REISGERICHTE

Fisch-Reis-Pfanne 92
Reis, gebratener 89
Reis, gebratener, mit Champignons
 und Fleischwürfeln 90
Reis, gebratener, mit Garnelen
 und Bambussprossen 91
Reis, gekochter 88
Reissalat, heißer, mit feinem
 Gemüse 97
Reissalat, heißer, mit gehacktem
 Fleisch und Gemüse 98
Reissalat, heißer, mit gewürfeltem
 Kasseler, Blumenkohl und Rosen-
 kohl 95
Reissalat, heißer, mit Kohl- und
 Schinkenstreifen 93
Reissalat, heißer, mit Prinzeß-
 bohnen und Schweinefleisch 94

Reissalat, heißer, mit zweierlei
 Fisch 96

NUDELGERICHTE

Chow Mein 100
Chow Mein mit Meeresfrüchten 102
Chow Mein vegetarisch 104
Nudeleintopf, einfacher 112
Nudeleintopf mit Garnelen und
 Hackfleisch 114
Nudeleintopf mit geschmortem
 Rindfleisch 113
Nudeleintopf mit geschmortem
 Schweinefleisch 114
Nudeln, gebratene, oder Chow
 Mein 100
Nudeln in Sauce mit Meeres-
 früchten 110
Nudeln in Sauce mit geschmortem
 Rindfleisch 107
Nudeln in Sauce mit geschmortem
 Schweinefleisch 108

FISCHGERICHTE

Fisch, gerösteter scharfgewürzter 123
Fisch, schnell gebratener und
 geschmorter, in scharfer Soja-
 bohnensauce 117
Fisch, schnell gebratener und
 geschmorter, in süß-saurer
 Sauce 118
Fisch, schnell gebratener und
 geschmorter, mit Ingwer und
 Lauchzwiebeln 116
Fisch in Brühe mit Gemüse und
 Glasnudeln 126
Fisch in Brühe mit Tofuwürfeln
 und Tongu-Pilzen 127
Fisch in süß-scharfer Sauce 124
Fischscheiben, gedünstete, in
 Pekinger Weinsauce 122
Fischscheiben, gedünstete, in
 Soja-Jus 120

GERICHTE VON
KRUSTENTIEREN

Garnelen mit feinen Erbsen 130
Hummer in schwarzer Sojabohnen-
sauce nach Kantonesischer
Art 133
Hummer mit Ingwer und Zwiebeln
nach Kantonesischer Art 131
Krebs mit Ingwer und Zwiebeln
nach Kantonesischer Art 131
Riesengarnelen in süß-scharfer
Sauce 129
Würfel von Jakobsmuscheln,
Schweinefleisch, Hühnerleber
und Gurken 134

EIERSPEISEN

Eiercreme, gelbfließende, nach
Pekinger Art 140
Eier, pfannengerührte, mit
Garnelen 136
Eier, pfannengerührte, mit Speck
und Gemüse 137
Eierstich, würziger, mit Schinken
und Lauchzwiebeln 141
Schichtomelett mit Meeresfrüchten
nach Art der Schiffer 138

DÄMPFEN IM WOK

Fisch, gedämpfter, wie man ihn
am Westsee ißt 144
Fleischpudding, geschichteter 158
Hühnchen mit jungem Lauch und
schwarzen Sojabohnen 146
Kutteln, langsam im Dampf gegarte,
mit Schweinefleisch 152
Lammfleisch, gedämpftes, mit
Ingwer 155
Rinderbrust, gedämpfte 154
Rinderhackfleisch, gedämpftes,
im Kohlblatt 147
Schweinefleisch, gedämpftes
würziges, mit zerstoßenem Reis 151

Schweinefleischscheiben, gedämpfte,
und Süßkartoffeln 149
Schweinehackfleisch, gedämpftes,
mit Blumenkohl 148
Schweinshachsen, »rotgekochte« 153
Sojahühnchen, gedämpftes, mit
Eßkastanien 156
Spareribs, gedämpfte, mit schwarzen
Sojabohnen 145

EUROPÄISCHE GERICHTE
AUF CHINESISCHE ART

Chop Suey 171
Cock-a-Leekie 167
Fisch, gebratener, mit Zwiebeln und
Paprika 164
Frikadellen nach chinesischer Art
165
Hühnchen à la King (auf langsame
Art) 178
Hühnchen à la King (auf schnelle
Art) 177
Irish Stew 170
Kedgeree 161
Lancashire Hot-Pot 173
Minuten-Beefsteak mit Erbsen,
Zwiebeln und Reis 169
Mixed Grill 163
Orangen- und Zitronenpudding
181
Pot-au-Feu 176
Poularde, geschmorte, mit Sojasauce
und Eßkastanien 179
Reispudding 181
Schweinekoteletts mit Zwiebelringen
nach chinesischer Art 166
Staudensellerie, geschmorter, mit
Hackfleisch 163
Steak and Kidney Pudding 172
Würstchen, »gegrillte«, mit Lamm-
nieren und Leber 162